그리움은 별이 되어

샘문시선 1064
한국문학상 수상 기념시집
이동현 감성시집

K-poetry

꿩의 울음으로
파란 하늘 아래
복사꽃이 붉게도 피었다

거친 삶을 지고 가는 숨소리는
붉은 꿩 울음과 닮아서 언제나
끙끙
〈끙끙 운다, 일부 인용〉

꽃을 보면
꽃 속에 별이 보이네

별이 땅에 내려와
꽃이 되었나

외로운 사람은 가슴에
별을 품고 사는데

깊고 푸른 그 별
아 그것이 사랑일 줄이야!
〈별, 전체 인용〉

돌아가서 지구 행성의 삶도
나름 아름다웠다고
나의 고향별 친구들에게 자랑하련다
이 거친 지구 행성에서
난 오늘도 내일도 내가 영원히 살아갈 그곳을
꿈꾸며 산다
〈내가 꿈꾸는 그곳, 일부 인용〉

_____ 님께

_____ 년   월   일

_____ 드립니다.

도서출판 샘문

한국문학상 수상 기념시집

그리움은 별이 되어

이동현 감성시집

여는 글

 눈이 부시게 아름다운 벚꽃이 하염없이 사라지는 봄 하늘을 바라다 봅니다.
 우리들 안에는 영원을 향한 여정이 숨어 있습니다. 그 열정이 힘들고 어려운 시간들을 이겨내고 강인한 생명력을 가지고 열심히 살아가는가 봅니다.

 "인식 있는 존재, 생각하는 동물로 이 아름다운 행성에서 살 기회가 주어졌고 그 자체만으로도 엄청난 특혜와 모험이었다"라는 올리브 색스의 말을 이 아침에 깊이 음미하면서 산다는 건 무엇일까?
 우리가 살아가면서 가장 정열을 바쳐 이루어내야 할 일은 무엇일까?를 생각해 봅니다.

 우리가 평생을 추구해야 할 일들은 각자의 소원대로 이루어 나가겠지만 저는 한평생을 다 바쳐 역작의 시 한 편을 남기고 싶습니다. 필사적인 결의를 가지고 있으면 이룰 수 있는 일들은 수없이 많을 것이라고 생각합니다.

 "오 주여 내가 저들과 다른 사람이라는 것을 증명하기 위해 아름다운 시, 한 줄을 쓰게 하소서"라고 기도한 보들레르의 마음에 공감이 갑니다. 이 삭막하고 거친 행성에서 하루하루 힘들게 살아가는 모든 사람들에게 마음의 위안을 주는 따뜻한 시를 쓰는 시인이 되고 싶습니다.

여는 글

　수 천 번의 흔들림 끝에 피어나는 인생의 꽃이야말로 가장 아름다운 꽃입니다. 늘 용기를 주고 응원해 주는 집사람 김경희, 아들 이요한, 딸 이해인 가족들에게 사랑한다는 말과 함께 첫 시집을 바칩니다.

　그리고 문학을 함께하는 문인들과 사랑하는 친구, 지인들께도 감사의 말씀 드리며, 저의 첫 시집을 만들어주시기 위해 수고하시는 도서출판샘문(샘문시선) 기획자, 편집자 여러분들과 그동안 저의 문학 여정에 많은 지도 편달을 해주시고, 본 시집을 감수해주신 이정록 회장님께도 감사를 드립니다.

2025. 06. 25.

봄을 지나 여름이 오는 길목에 서서
春山 **이동현** 드림

아버지, 어머니의 노래가 그리운 별이 된 시詩

- 이정록 (시인, 수필가, 교수, 문학평론가, 칼럼니스트)

이동현 시인이 이번에 샘문시선에서 첫 시집 『그리움은 별이 되어』를 출간한다. 이 시집은 자연물을 소재로 하여 노래한 시들이 주조를 이룬다. 그리고 그의 심상은 사랑, 그리움, 기다림을 노래한다. 전체적으로 시편들은 정감을 지니고 있고 시인은 시적으로 표현하기 위하여 일상언어를 전복하고 있다. 첫 시집에 깃든 시인의 사유는 어린 시절의 추억과 아버지에 추억과 어머니에 추억으로 독자를 초대한다.

이 시집은 중심적인 주제는 사랑이다. 시집을 펼쳐보면 "가을의 뜨락에서" 외 76편으로 구성되어 있다. 먼저 그의 시집이 현재를 살아가는 사람들에게 어떤 의미를 지닐까를 생각해 보면 한 마디로 자연과 사람 사이, 사람과 사람 사이에 오가는 정과 사랑을 소중히 하고 그런 감정을 귀하게 여기며 그리워한다. 그것이 사람이 살아가는 길이며 삶을 아름답게 살아가는 요소라는 것을 시인은 체득 체관하고 있다.

이동현 시인은 샘문뉴스와 문학그룹샘문에서 2020년경에 실시한 〈신춘문예 샘문학상〉 공모전에서 〈돌담설화 외 4편〉으로 시부문에 당선되어 등단하였고, 뒤이어 2021년에 샘문뉴스와 문학그룹샘문에서 주최한 〈신춘문예 샘문학상〉 공모전에서 우수상을 수상하였고, 2021년 같은 해 11월경에 샘문그룹과 한용운문학에서 시행한 〈한용운문학상〉 수필부문 〈신인문학상〉에 응모하여 등단하였다.

뒤이어 다음 해, 2022년 11월경에 한용운문학상 본상에서 〈우수상〉을 수상하였고, 2023년 신춘문예 〈샘문학상〉 공모전에서 본상, 최우수상을 수상하였고, 또한 2023년 9

서 문

월경에 샘문그룹 계열 문학사 ㈜한국문학에서 주최한 〈한국문학상〉 공모전에서 〈한국문학상〉 본상, 〈우수상〉을 수상하였고, 2024년 신춘문예 〈샘문학상〉 공모전에서 본상, 〈샘문특선상〉을 수상하였고, 같은 해 2024년 11월경에 샘문그룹에서 시행한 〈한용운문학상〉 본상, 중견부문에서 〈최우수상〉, 2025 신춘문예 〈샘문학상〉 최우수상을 수상한 수재다.

 2019년경 필자가 이동현 시인을 처음 만났을 때 시인은 시골에서 마늘과 양파와 쌀농사를 짓는 농부라고 소개하였다. 첫 이미지가 사랑의 아름다운 감성적 서정적 시를 쓰는 시인 같지는 않았다. 공무원으로 재직하다가 건강이 좋지 않아 중도에 퇴직하고 아버지가 짓던 농사를 대물림하여 현직이 농부라는 것이, 최고의 지성이요 삼대 성현의 하나인 〈시인〉과 아무런 관련성이 없어 보였다. 그러나 필자가 운영하는 샘문그룹 계열에 문학사들이 시행하는 문학상 공모전에 치열하게 도전하는 이동현 시인을 지켜보니 상상외로 시인은 감성적이고 낭만적인 사람이고 물리적 성실함이 뛰어난 사람이기에 기량이 급성장했으며 아집이나 오만이 없는 합리적이며 이타적이고 아주 낮은 자세로 겸손하고 예의가 바른 나비와 같은 사람이다.

 그래서 이동현 시인의 논과 밭, 정원에는 항상 아름다운 꽃과 벌 나비가 있다. 그는 농자의 터전인 논과 밭과 숨 쉬는 공간, 정원을 소중히 지킨다. 시인의 논밭과 정원에는 이 세상의 그 무엇도 침범할 수 없는 그만의 내밀한 세계를 간직하고 있고 그것으로 흔들림이 없으며 늘 온유함을 지니며 그 터전에는 심신을 정화하는 향수가 흐르고, 그의 샘에서는 생명수가 끊임없이 흘러나오는 것이다.

 왜 자연과 사랑과 그리움에 대한 시를 써야 하는가, 라고 한다면 이동현 시인에게는 새로운 사랑을 희구하고 도전하기 때문에 희망의 마음이 상상의 나래를 펼친다. 그는 사랑을 다하고 끝없이 그리움을 갈구한다. 그가 누군가를 사랑하고 희구하고 그리워하는 전사였다면 그가 지킨 추억이 자기를 소환하여 주기를 사랑해 주기를 바라는 마음이다. 그도 누군가의 사랑을 받고 싶은 것이다.

그가 필요로 하는 사랑과 그리움은 그의 생존과 직결되는 문제이며 근원적인 요구이다. 그동안의 사랑과 그가 비호 해야만 했던 사랑과 그리움은 그에게는 책임이나 의무였을지도 모른다. 그 짐을 지느라고 그도 쉽지는 않았을 것이다. 그런 그가 이제는 누군가의 새로운 사랑으로 새 삶을 살고 새로운 생명력을 얻어 이 시간 이후의 삶도 윤택하게 살아갈 것이기 때문이다.

이동현 시인의 자연과 사랑과 그리움에 관한 시편들은 잘 음미하면 할수록 공감이 배가 된다. 그리고 현대적 감수성이 배어있고 그의 논밭과 정원으로 우리들을 불러들여서 온유하게 품어준다는 생각이다. 사실 현대사회에서는 많은 사람들이 메마른 마음으로 건조하며 공허하게 의미 없이 살아가고 있다. 사랑을 품기보다는 헛된 우상을 좇아 가느라 타인도 자신도 사랑해야 할 이들도 모른 채 돌진하고 있다.

이것이 현실을 사는 우리들의 아름답지 못한 모습이기도 하다. 이해타산을 생각하는 조건적인 사랑에 댓가를 바라는 거래적인 사랑, 사랑 받기만 바라는 이기적인 사랑에 우리들은 빠져있다. 그야말로 자본주의는 사랑마저도 상품의 교환가치로 바꾸려고 획책한다. 이러한 물신화 속에서 우리들은 사랑을 잃고 공허하고 메마르며 푸석푸석한 삶을 살아가고 있는지도 모른다. 그래서 인간을 차별하고 귀하게 여기지 않으며, 권리를 짓밟고 타인을 자신의 이익을 만들어내는 수단으로 취급하는 비열성이 가담한다.

이동현 시인이 복원하는 인간의 마음은 사랑과 그리움이다. 그 사랑을 복원하는 데에는 에로스 사랑에서 시작하여 확장되어 가는 것은 시인에 여러 시편에서 보듯이, 최고의 선善은 최고의 사랑이라는 것이 시인이 해석하는 새

서 문

로운 사랑이며 그가 찾고 희구하는 사랑일 것이다. 시인은 에로스의 사랑만이 아니라 필리아의 사랑, 즉 관계의 사랑과 아가페적인 사랑, 즉 자기희생적인 사랑을 체현해 왔다.

20대 이후 40년을 살아오면서 에로스의 사랑에서 출발하여 지아비와 부모가 되는 자기희생적 사랑과 타인들 간의 필리아적인 사랑, 부부의 사랑을 경험하면서 그의 사랑은 깊어졌고 단단해져 왔다고 본다. 그가 아버지를 소환하고, 어머니를 소환하여 회억回憶하는 것이, 단순히 감성적인 사랑만을 꿈꾸어온 것만 아니라, 인간의 정체성과 원초적, 순수를 소환한 것이라는 것이, 시편 한편, 한편에서 전개되고 있다. 그리고 상상력으로 빚어낸 것은 바로 시인의 삶 속에서 우러나온 표현들이거나 그의 사랑에 대한 의식일 거라고 생각한다.

위 시편에서 알 수 있듯이 그가 지켜온 그의 사랑과 그리움의 희구는 바로 고단한 농사 노동과 정신노동의 하루하루가 있었고 그것은 가족을 위한 한 남자의 자기희생적 아가페 사랑이었다. 시인의 시편을 읽은 이로 하여금 많은 것을 생각하게 할 것이다. 사랑을 위해 그저 달려왔고 그러면서 중형의 고통도 느끼지 못했다는 것은 반어적으로 중형을 자처하였고 고통스러웠지만 고고한 자세로 견지해 온 삶이 있었기에 그는 자연과 사랑과 그리움을 주제로 한 시편들을 엮을 수 있었던 것이리라.

이동현 시인의 시구절이 사랑을 잃어 방황하거나 마음이 흔들리는 사람들이 시인과 함께 돌을 고르고 고랑을 내고 꽃씨를 뿌려서 꽃을 피우고 열매를 따는 비법을 그로부터 전수 받고 희망을 꿈꿀 것을 기대 해본다. 시집 출간을 감축드리면서 많은 독자가 이 시집을 읽고 다시 자연을 사랑하고 사랑을 품고 구현하기를 간절히 바라면서 이동현 시인의 첫 시집 출간을 축하드리며 문운창대를 빈다.

기억의 유산에서 길어내는 존재 회복의 시학

- 심종숙(시인, 교수, 문학박사, 문학평론가)

　사람은 무엇으로 살아가는가, 라고 질문을 할 때 언뜻 떠오르는 것은 사랑으로 살아가지 않을까 생각한다. 인간은 가족과 사회의 제 관계들 속에서 살아간다. 그러나 항상 사람은 소우주인 자신을 중심으로 하여 대우주를 향해 나아가는 존재가 아닐까 한다. 개인은 성장하여 사회적 존재로서 전체를 향해 나아가는 존재이다. 그리고 인간은 이 세상에 피투 되었다가 원래 온 곳으로 돌아가는 존재이다. 인간의 삶은 잘해야 백년의 세월일 것이다. 그러나 많은 사람이 백 세의 나이에 이르지는 못한다. 유한한 존재인 인간은 나무의 수령에 경탄하면서 신성시하였다. 언제나 우리 민족에게 친근한 동구 바깥의 나무, 어느 마을이나 들어갈 때 수령이 오래된 나무를 당산나무라 하여 신성을 표하고 있다.

　이동현 시인의 첫 시집 『그리움은 별이 되어』는 자연물을 소재로 하여 노래한 시들과 사랑에 대한 그리움과 기다림을 노래한 시, 생활을 노래한 시, 이야기를 곁들인 시, 깊은 사유 속에서 이끌어낸 사상적 면모를 띤 시편들이 주조를 이룬다. 전체적으로 시편들은 정감을 지니고 있고 시인은 시적으로 표현하기 위하여 일상언어를 전복하려는 시도를 곳곳에서 보여주고 있다. 첫 시집에 깃든 시인의 에스프리는 어린 시절 추억의 동네로 우리들을 데려간다.

　사실 그의 시는 이미 노년을 맞이한 이들의 심성에 호소력이 짙고 공감력이 크다. 시인은 당산나무가 서 있고 나무들이 군락을 이룬 숲으로 둘러싸인 향촌으로 시간여행을 떠난다. 시 「잃어버린 시간」에서 시인은 그가 그리워했던 상실한 세계를 다시 구축한다. 나무숲으로 둘러싸인

평 설

시골 마을에서 사람들은 나무가 주는 것으로 온기를 품었다. 나무는 죽어서도 사람들에게 온기를 주었고 살아서는 그늘과 온갖 꽃과 열매를 주었다. 나무숲 마을에서 살았던 유년의 기억을 재현하는 시인에게는 그리움의 강한 충동이 시의 형상을 만들어 갔다.

> 나무는 죽어서도 사람에게 온기를 남기고
> 그리움은 언제나 산속 깊숙이 숨어서 산다
>
> 겨울이 되면 아버지는 게으른 하품을 하는
> 암소를 수레에 매고 온 가족을 태우고
> 구워 낸 군고구마 향이 나는 겨울 햇살을 헤치며
> 황톳길 건너 눈 덮인 산으로 땔나무 하러 가는데
> 암소는 콧김을 푹푹 내뿜는 녹슨 기차가 되어
> 잃어버린 시간을 헤아리며 느릿느릿 나아간다
>
> … 중략 …
>
> 인생은 꿈만 같구나, 한마디 남기시고
> 아버지는 그리움을 한 지게 지고
> 깊은 산속으로 걸어 들어가신 후
> 두 번 다시 집으로 돌아오시지 않는다
>
> 이제는 곧은 직선으로 하늘 높이 달리는
> 편안한 아파트에 사람들은 살지만
> 잃어버린 시간은 그리움이 되고
> 그리움은 산속 깊숙이 술래가 되어
> 언제나 소년과 숨바꼭질하고 있다
>
> **-「잃어버린 시간」일부**

시인에게는 가난하지만, 따뜻한 인간애가 살아 숨 쉬었던 향촌의 공동체가 그의 그리움의 대상이다. 시인이 꿈꾸고 그리워하는 것은, 그리고 시인으로 하여금 시를 쓰게 하는 동인은 바로 잃어버린 세계에 대한 꿈과 그리움일 것이다. 거기에는 궁핍의 시대에 동고동락했던 가족들과 이웃들에 대한 추억이다. 그 기억을 시인은 시쓰기를 통하여 복기한다. 그러니까 시인이 시를 쓰는 현재와 이미 상실된 과거 사이에는 추억하는 시적 자아, 회억하는 주체가 존재한다. 이러한 현상은 대개의 시인들이 자신을 반추할 때 나타나는 현상으로서 어린 시절 추억이 중요한 시적 소재가 되고 있다. 시를 쓰는 현재의 시점은 노년기에 인생을 뒤돌아보면서 자신을 성찰하고 들여다보는 도상에 있다. 그러나 이상향인 추억 속의 따뜻한 공동체는 현재에는 없다. 시인은 상실한 공동체에 대한 그리움이 별이 되었다고 하였다.

그의 시 세계가 따뜻한 것은 바로 아이→고향→어머니→모성으로의 회귀가 지니는 과정에서 그의 시심이 뿜어내는 따뜻한 사랑이 아닐까 한다. 회억의 주체는 중년기나 노년기의 시적 주체이지만 그는 어린 시절의 자아(내면 아이)를 만난다. 거기에는 어머니를 비롯한 어른 가족들의 따뜻한 사랑이 있었던 곳이다. 그리고 지난한 삶을 살았던 가족들의 이야기를 진술하게 승화시킨 것은 시인 자신과 가족에 대한 자기 연민일 수도 있고 시쓰기를 통하여 가족들을 다시 탄생하게 하는데 시인의 가족들은 곧 우리들의 이웃들과 동일하며 거기에는 민중적 삶과 민중적 정서가 같이 융해되어 있다고 하겠다. 시 「고등어자반」에는 어린 시절 몸이 약했던 시인을 위해 어머니가 고등어자반을 구워 주었듯이 현재의 아내는 시인에게 그 어머니처럼 고등어자반을 구워준다. 이 사랑의 대물림은 시인의 토대가 사랑으로 이루어져 있다는 것을 알 수 있다.

> 한때는 푸른 바다를 마음껏 누볐으리라
> 늘 푸른 바다를 보며 푸른 꿈을 꾸었기에
> 너의 모습은 죽어서도 푸르르구나
>
> 어머니는 몸이 약한 나를 위해
> 보약을 정성껏 달여서 먹이시고
> 입이 써서 찡그리는 나에게
> 달콤한 곶감을 주시면서 하시는 말씀,

평 설

"고등어 굽고 있으니 먹고 건강 하거라"

– 「고등어자반」 일부

시인은 어쩌면 힘든 인생길에서 가족들의 사랑이 자신을 있게 하였다는 생각과 그 사랑 속에서 성장해 왔던 자신의 삶을 되돌아보면서 현재 삶의 무상과 공허함, 상실감, 인생의 비애를 희석시키고 있음을 알 수 있다. 사람이 태어나서 죽는다는 생자필멸의 이치에서 오는 존재의 슬픔과 탄식을 시인은 가족들의 사랑으로 버티어 가면서 사랑을 베풀어주었던 가족들과 이웃들의 이야기를 시에서 쓰고 싶었던 것이 아닌가 추측된다.

사람은 누군가로부터 사랑을 받으면 그것을 오래오래 간직하고 추억하게 되듯이 시인도 상념 속에서 회억하는 것이다. 시 「고등어자반」은 육류를 대신하는 우리들 서민들의 음식이었고 민중적 정서를 환기할 수 있는 산물이다. 고등어자반과 어머니/ 아내, 그리고 사랑과 별은 하나의 이상향이거나 동경의 대상이다.

그리움이 소복이 쌓여 별이 되었다
까만 밤을 밝히는 별의 근원은
간절한 그리움이었구나!

파랗게, 하얗게, 붉게 빛나는
별빛이 쌓이고 쌓여 그리움이 되고
그리움이 쌓이고 쌓여 사랑이 된 별은
슬프도록 아름답다

그리움은 한없이 슬픈 꿈
언제나 밝게 빛나는 나만의 별
내 그리움이 속절없이 슬픈 꿈이었나

– 「그리움은 별이 되어」 전문

"속절없이 슬픈 꿈이었나"라고 반문하는 시인의 마음은 하늘에 뜬 별처럼 언젠가는 파랗게 언젠가는 하얗게 언젠가는 붉게 빛나는 영혼이다. "그리움이 쌓이고 쌓여 사랑이 된 별"은 바로 시인 자신이 아닐까 생각된다. 이 시구절의 표현에서도 알 수 있듯이 그리움이 쌓여서 별이 된다는 시인의 의식은 단순하게 받아들여서는 안 될 것 같다. 시인이 그리워하는 것은 하나의 이상향으로서 그 그리움은 인간애가 넘치는 사회였을 것이고 그것은 사랑이 토대가 된 사회일 것이라는 인식이다. 그리워하는 것들은 모두 아름답고 슬프다는 진술에서도 알 수 있듯이 사랑을 이룬다는 것은 아름답기만 하거나 손쉽게 되는 것이 아님을 말해준다. 사랑은 받는 것이 아니라 주는 것이라는 말처럼 사랑은 관념이 아니라 실천적인 행동인 것이다. 자신이 아니라 타인에 대한 배려이고 거기에는 자신의 포기와 희생이 따르기에 아름답고도 슬프고도 높은 것이며 깊은 것이라는 인식을 시인은 하고 있는 것이다.

그러니 사랑은 분명히 눈에 보이지 않는 추상명사이고 관념적인 말이지만 그것을 실천하는 주체에게는 자기 포기가 이루어지는 것이다. 그러나 주는 기쁨도 있을 것이며 그리워하고 사랑하기에 주는 것을 아까워하지 않고 자신의 수고를 힘겨워하지 않는다. 이 사랑의 별은 그야말로 어두운 밤을 비추는 별빛이요 어둠의 세력을 물리칠 수 있는 충만한 힘을 지니고 있으며 그것은 사람과 우주 만물을 살리는 힘의 원천이요 생명 원천인 것이다.

시인이 발견한 이 아름답고도 깊고 높은 경지의 사랑은 우주만물을 충만케 하며 자신과 이웃들을 구원하는 힘일 것이기에 시인은 끊임없이 그리워하고, 그 그리워하는 구체적인 삶의 모습을 그가 경험해온 가족과 이웃들의 생활 속 형상을 시의 화폭에 담아 이야기로 재현하고 있다. 농촌공동체의 아버지의 모습을 형상화한 시 「청어靑魚」에서 농사를 하는 사람들의 피어린 고통을 표현하면서 그런 가운데서도 꿋꿋하게 살아온 우리 농부 아버지들의 모습을 투영시키고 있다.

평 설

정월 대보름 날 저녁 아버지는
눈目이 붉은 청어靑魚를 드시면서

올핸 보름달이 붉게 뜨는 것을 보니
흉년이 들겠구나 하셨다

정월 대보름 달이 붉게 뜬 그해
유독 우리 집만 지독한 흉년이 들었지

아버지의 선한 눈동자가 청어 눈처럼
붉게 핏발이 서던 그해 가을날

까마득히 무너져 내리던
그 빛나던 무지개여

- 「청어靑魚」 전문

이 시에서 정월 대보름에 달이 붉게 뜨면 흉년이 든다는 우리 민중들 속에 뿌리내린 민간신앙이 아버지에게도 인지되어 있고 정월 대보름날 눈이 붉은 청어를 먹으면서 불길함을 이야기하는 아버지, 그러나 일 년 농사를 짓는 아버지는 해마다 가족들의 생계를 책임지고 농사일에 매달렸듯이 보름달이 붉게 뜬 그해 역시 처절하게 수확을 얻기 위해 모진 더위와 싸웠을 것이다. 그러나 기대와는 달리 유독 시인의 집에만 흉년이 든 것은 얼마나 아프고 처절한 슬픔과 궁핍, 굶주림을 가져왔겠는가. 이 한 편의 시로 농사를 하며 먹고사는 사람들인 농부들의 고통을 상상하게 한다.

이 시에서는 '청어의 빨간 눈/ 붉게 뜬 보름달/ 아버지의 핏발 선 눈'은 이미지적으로 잘 조합되어 시적 구성미를 높이고 있고 통일성을 지니고 있어 시적 미학을 느끼게 한다. 이 붉은 기운은 반대급부적으로 사악하거나 불길한 기운을 몰아내는 것임에도 불구하고 예언성을 지니면서 흉년을 부른다. 이 시는 회화적이면서도 서사미도 지니고 있으며 민간신앙에서 오는 구전 적 요소 또한 강하게 작용하고 있다. 「안개 제국」에서는 농촌에 살아가는 사람들의 일상에서 겪는 비극을 형상화하였는데 그것은 안개 때문이었다는 시인의 의식은 바로 자연현상인 안개 때문에 일어나는 슬픔의 측면을 희화적으로 그리고 있고 거기에는 아버지의 고통스러운 수고에도 벗지 못하는 가난한 농부의 슬픔이 눈물이 되어 흐른다. 그 시간을 기억하는 만큼 내면의 눈물은 흐른다. 시인의 영혼은 눈물로 젖어있다.

    강은 늦가을 아침이 되면
    너른 땅을 뿌연 안개로 뒤덮어 버린다
    모든 것이 불확실하다

    중무장 한 아낙들은
    마늘을 심는다고 참새떼처럼 옹기종기 앉아
    저마다 무지갯빛 사연으로 두런거렸다

    그 오랜 세월 동안
    마늘을 심고 장에 내다 팔았지만
    곰이 사람이 되었다는 소식은 들려오지 않았다
    곰이 사람이 되는 건
    곰 한 마리만으로 충분했으리라

    안개 낀 가을 도로는 무척이나 위험하다
    산에 사는 고라니 어미는 이른 새벽에
    집을 나간 새끼 고라니를 찾으러 나왔다가
    한순간 도로에서 생을 마감했다

                  - 「안개 제국」 일부

  안개의 위력은 이 마을에서 지대하다. 안개의 속성은 모든 것을 불확실하게 하고 흐릿하게 한다는 점이다. 안개로 가려진 진실은 안개기 걷히면 끔찍한 사건으로 드러나듯이 숲속에 마을을 이루고 살았던 사람들은 고난의 삶을 살았음을 시인은 기록하고 있다. 이 시에서 안개가 걷힌 후 드러나는 현실은 곧 시인이 어린 시절 눈으로 보았던 이웃들과 가족이 겪은 불행이요 슬픔이었다. 짙은 어둠의

> **평 설**

그림자마저도 시인의 그리움은 담담히 그려내고 있다.

그럼에도 불구하고 거기에 살았던 사람들은 질긴 생명을 이어왔다. 그들의 삶 속에서 나무가 겨울에 잎을 떨구고 인내하듯이 사람들은 인내와 자연에의 순응, 겸허한 자세로서, 결코 희망을 버리지 않고 새봄에는 희망의 씨를 뿌려왔던 우리 민중의 검질긴 생명력을 투영시키고 있다. 이 시에서 아버지의 가난은 시인에게 쓰라린 상처였을 수도 있겠다. 그러나 사람은 상처 속에서 견디고 다시 일어서는 법, 상처를 투명하게 태우는 데에는 흙투성이 장화와 같은 자세가 필요해진다.

「소중한 존재에 대한 예절」은 구두와 장화를 대조하면서 쓴 시로 농사 일을 하는 농부의 겸허한 마음을 느끼게 한다. 농부는 흉년이 들어도 그 고통 속에서도 씨를 간직하면서 다가오는 봄에 희망의 씨를 다시 뿌리면서 지난해의 불행을 딛고 일어난다고 하지 않는가.

> 봄, 여름, 가을, 겨울
> 칠만 오천 원짜리 겨울 구두 한 켤레로 난다
> 여름엔 무척이나 덥지만 참는다
> 가난한 농부에겐 구두 두 켤레는 사치
> 일 년에 대여섯 번 예식장 갈 때 신고
> 일 년에 너댓번 장례식장에 갈 때만 신는다
>
> 내 구두는 일 년에 열댓 번
> 삶과 죽음을 오갈 뿐
> 나에게는 일만 오천 원짜리 장화 한 켤레가 더 필요하다

─「소중한 존재에 대한 예절」일부

시인은 흙투성이 장화에게서 사람됨의 예절을 배운다고 하였다. 이 시에서는 농촌의 농부들이 신는 장화와 도시의 샐러리맨들이 신는 구두를 대비시켜서 시인의 생활을 엿보게 한다. 이 시는 다소 유머를 지니고 있기도 하면서도

흙투성이 장화여도 시인에게는 소중한 존재라는 걸 환기시킨다. 시인은 가난한 마음으로 살아가면서 삶과 죽음이라는 결혼식과 장례식을 반짝이는 사계절 전천후 구두를 신고 갔던 기억과 오랜 세월 농사를 하면서 흙투성이 장화가 자신에게는 더없이 소중한 존재가 된 것임을 말한다. 구두처럼 멋지거나 반짝이지는 않지만, 장화가 지니는 기능성과 자연과 더불어 살아가는 농부에게 없어서는 안 될 장화는 소중한 존재이며 흙투성이라고 무시해서는 안 되는 소중한 존재이다. 사람됨의 예절이란 장화가 지닌 본질이 농부의 존재와 동일하게 바라보고 있음을 알 수 있다. 농사꾼은 자연과 더불어 겸허한 마음으로 농사일에 임해야 한다는 것이다. 「농부는 따뜻한 밥이다」를 보자.

   비가 오면 비가 많이 올까, 걱정
   비가 안 오면 가뭄이 들까, 걱정
   농사가 잘되면 가격이 폭락할까, 걱정
   농부의 가장 친한 친구는 다름 아닌, 걱정이다

   그럼에도 농부로 사는 건, 행복이다
   가장 가난한 마음으로 창조주를 섬기며
   가장 간절한 마음으로 기도하는 삶을 산다

   이른 아침 치열한 삶의 전장으로
   떠나는 이들에게 따뜻한 밥 한 끼
   먹을 수 있게 해 주는 농부는 밥이다

        - 「**농부는 따뜻한 밥이다**」 일부

농부는 따뜻한 한 그릇의 밥이라고 시인은 인식한다. 농부는 월급도 승진도 호봉이 올라가는 것도 없고 주 5일 근무의 휴식도 없다. 반면 농산물 가격이 폭락할까도 걱정하고 비가 오지 않아 가뭄이 들까도 냉해도 입을까도 걱정하여서 걱정이 농부의 친구라고 하였다. 그럼에도 농부가 농사를 짓는 것은 창조주를 섬기고 가장 간절한 마음으로 기도하는 삶을 살기 때문이라고 한다. 그래서 농부가

평설

거둬들인 벼는 쌀이 되어 치열한 삶의 전장으로 떠나는 노동자들에게 따듯한 한 끼의 밥이 된다는 것이다. 이천만 노동자들에게 밥이 되어 주는 농부야말로 따뜻한 마음, 겸허한 마음을 지닌 존재이다. 농촌공동체에 농부는 여전히 존재하고, 쌀을 생산하는 그곳에는 자연을 사랑하고 창조된 질서에 순응하면서 창조주를 섬기면서 간절한 마음으로 농사를 지어 도시민들에게 농산물을 공급하는 생산자인 농부는 밥이다. 걱정이 친구임에도 농부로 산다는 것은 행복이라고 시인은 긍정적으로 자신을 바라보고 있다.

이 시에서 시인이 꿈꾸어온 세상은 바로 농부와 같은 마음을 지닌 이들이 이루어 가는 삶의 공동체이다. 시인은 잃어버린 공동체를 그리워하고 꿈꾼다. 시 쓰기를 통해서도 이 꿈을 이루고자 한다. 농부로서 밥을 생산하거나 시인으로서 시를 생산하여 사람들의 영혼과 육신의 허기를 충만하게 하는 일이 동일하며 시인에게 주어진 책무이며 길이다. 「나무의 기도」에서는 하늘을 향해 손을 뻗고 기도하는 나무의 자세가 농부의 농사에 대한 희망의 염원과 겹친다. 나무의 기도하는 자세는 시인이 하늘에서 내려오는 황금의 글줄을 기다리고 받아쓰는 겸허함과 항일함에 비유할 수 있지 않을까.

겨우내 시린 뿌리를 덮느라고
늦가을부터 벌거벗은 몸으로 드린
기도의 보상으로
나무들은 봄이면 연둣빛 새잎을 다시 받는다

나무들도 보이지 않는 것이 더 소중한 것을 안다
그러다가 노란 꾀꼬리 울음에
마침내 푸른 청춘이 된다

바람이 어디선가 불어와 나뭇잎에 머물고
하얀 나비 한 마리
여린 꽃잎에 숨어 달콤한 잠을 자고
따스한 햇살이 나뭇잎을 어루만지면

깊숙한 뿌리들은 땅속에서 힘차게 헤엄친다

천둥은 구름 속에서 용트림하고
구름은 백마처럼 비를 박차고 달린다
햇살, 바람, 비, 나비, 나뭇잎, 꽃, 뿌리
눈에 보이지 않는 수많은 땀이
하나의 열매를 만든다

변화의 바람은 어디서 와서 어디로 가는지
떨리는 바람과 흔들리는 햇살
시작과 끝 그리고 끝과
그 시작의 파르스름한 간격
세상에 그저 열리는 열매가 어디 있으랴

- 「나무의 기도」 일부

이 시는 어려움 속에서도 나무는 그 모양이 하늘을 향해 손을 뻗듯이 가지를 뻗어 나가면서 꽃을 피우고 열매를 맺는다. 나무의 기도는 항일하면서도 견결하다. 시인은 나무에게서 농심을 발견하고 있으며 농사의 수고가 없다면 거두어들일 낱알이 없듯이 나무가 스스로 광합성을 통해 에너지를 저장하여야 꽃을 피우고 열매를 맺을 수 있다는 것이다. 이 시는 자연물을 통하여 그 안에 내재된 본질을 꿰뚫어서 통찰하는 시인의 놀라운 투시력을 보여주는 시라고 할 수 있겠다. 나무들이 모여서 숲을 이루는 세상에는 나비와 새들이 깃들고 동식물이 거기에 거한다. 나무로 이루어진 숲은 이렇게 많은 생명들을 거느리고 있으며 거기에는 나무의 피나는 고통의 결과 만들어진 생명공동체이다. 나무는 또한 시인이 그리워하는 사람이며 도래할 위대한 시인일 것이다. 위대한 시인은 끊임없이 독자로 하여금, 새로운 꿈을 꾸게 한다. 이동현 시인의 시편들은 그것을 부추긴다. 그가 시 쓰기를 통하여 독자들에게 말하고자 하는 것은 바로 꿈꾸기이다. 「사막의 꿈」에는 시인이 꿈꾸는 이상향을 보여준다.

평 설

　　방울 소리에 맞추어 사막에게 자장가를
　　불러주었다고 했다
　　잠자는 사막은 꿈을 꾼다
　　흰 낙타의 자장가를 들으며 무슨 꿈을 꿀까
　　사막의 꿈이 궁금했다

　　흰 낙타의 목에서 은방울을 떼고
　　조용히 아주 조용히 사막에 도착해
　　잠자는 사막을 깨웠다
　　사막은 깊은 잠에서 깨어나질 못했다
　　흰 낙타 옆에서 기다리다 지쳐서
　　스르르 잠이 들었다

　　꿈속에서 만난 사막과 이야기를 나눴다
　　- 너의 꿈이 무엇이지?
　　- 나의 꿈 아 그거
　　사막이 부끄러운 듯이 나지막하게 말했다
　　- 내 꿈은 사과나무를 심는 것이야

　　　　　　　　- 「사막의 꿈」 일부

　시인이 꿈꾸는 세계는 불가능할 것 같은 사막에 사과나무를 심는 것이다. 통념을 깨고 새로운 생각을 생산하는 것, 진부한 언어를 넘어 살로 된 언어 빚어내는 것, 그것은 이동현 시인이 꿈꾸고 걷고자 하는 길일 것이다. 그는 시인으로서 이 세상을 살아가면서 불협화음도 겪었고 세계와 길항하는 자신과 직면도 하였고 그러한 삶의 여정을 걸어왔다. 그래서 그는 다시 자기 별로 돌아가고자 하고 그곳에서 지구 행성의 삶도 아름다웠다고 말하겠노라고 「내가 꿈꾸는 그곳」에서 고백한다.

　　강기슭 새하얀 모래언덕엔 열두 달마다
　　향기로운 과일이 주렁주렁 열리는 그곳
　　늘 밝은 빛이 가득 차서 어둠이 없는 그곳
　　사랑과 평화와 행복이 가득한 그곳
　　욕심부리지 않아도 부족하지 않게 채워지는 그곳
　　난 그곳에서 길들여지고 생활해 왔기에
　　이 지구 행성의 삶은 늘 서툴고 불편하다

타향은 언제나 불변하고 피곤한 법
하지만 타향살이는 본향을 늘 꿈꾸며 사는
희망의 처소이기도 하다
내가 타고 온 우주선이 고쳐질 그날
나는 정답고 행복하게 살았을
진정한 나의 고향별에 돌아가련다

돌아가서 지구 행성의 삶도
나름 아름다웠다고
나의 고향별 친구들에게 자랑하련다
이 거친 지구 행성에서
난 오늘도 내일도 내가 영원히 살아갈 그곳을
꿈꾸며 산다

- 「내가 꿈꾸는 그곳」 일부

　이동현 시인은 자신을 지구별에 불시착한 어린 왕자라고 생각한다. 지구별에 불시착한 그는 어린 왕자가 비행기를 고쳐서 다시 자기 별로 돌아가야 하듯이 이동현 시인도 역시 그렇다. 고친다는 것은 고장난 것을 고친다는 의미다. 그는 세계와 길항했던 자신에게 내재했던 죄와 어둠, 고통과 슬픔, 상처와 상실감을 딛고 마음과 영혼을 고쳐 투명하게 되어서 자기별에 돌아갈 것이다. 우리들은 누구나 원래 자기의 별에서 잠시 지구별에 불시착 한 존재이며 언젠가 자기 별로 돌아가게 된다.

　시인은 그 자기 별에 대한 동경과 그리움을 품은 채 시를 쓰면서 시의 언어의 가느다란 줄을 자기별에 드리우면서 그 거리를 계속 좁혀왔을 것이다. 그 가느다란 줄 위에서 그는 아슬아슬하게 자기를 세웠던 시간의 첨예함과 돌로 된 언어를 부수고 살로 된 언어를 빚어 독자들의 마음에 다가가려고 실험하였다. 돌로 된 언어 대신에 살로 된 언어를 뿜어내는 한 마리 누에처럼 시인은 스스로 언어의 고치를 만들어 그 속에서 자유로이 살 것이다. 그 누구의 방해도 없이 누리는 해탈과 무위의 자유로운 영혼의 가벼움으로 나비가 되어 날아갔다. 끝으로 이동현 시인의 첫 시집 출간을 감축드리며, 문운창대를 기원합니다.

샘문시선 1064

한국문학상 수상 기념시집

그리움은 별이되어

이동현 감성시집

여는 글 / 4
서문 _ 아버지, 어머니의 노래가 그리운 별이 된 시詩 / 6
평설 _ 기억의 유산에서 길어내는 존재 회복의 시학 / 10

제1부 : 꿈에도 그리운 사람

가을의 뜨락에서 / 28
개똥벌레 / 29
개망초 연가 / 30
그리움은 별이 되어 / 32
꿈에도 그리운 사람 / 33
붉은 가을 / 34
감꽃 / 36
끙끙 운다 / 37
도라지꽃 / 38
무지개 / 39
별리別離 / 40
외사랑 / 41
이별 / 42
고추가 익을 때쯤 / 44
별 / 45
아득히 먼 그곳 / 46

제2부 : 하얀 사랑 머문자리

하얀 사랑 머문 자리 / 48
4월은 / 49
은하수 / 50
목련 / 51
슬픈 연가 / 52
첫눈 / 54
영원한 불꽃 사랑 / 56
물망초勿忘草 / 59
오래된 연인 / 60
소복소복 자라는 봄 / 62
봄날은 온다 / 64
봉선화 연정 / 66
벚꽃이 필 즈음에 / 68
싸리꽃 / 70
봄밤 별 하나 / 71
들꽃 향기 / 72
시인의 행복 / 74
초설初雪 / 75
노을 / 76

제3부 : 나무의 기도

나무의 기도 / 78
늦서리 / 80
샛강의 백조 / 83
보석 / 84
동백 아가씨 / 85
알고 있어요 / 86
산다는 건 / 88
청춘의 시계 / 90
청춘이 다 지나가면 / 92
복사꽃 꿈 / 93
내가 꿈꾸는 그곳 / 94
소망所望 / 96
동동 나그네 / 97
안개 제국 / 98
상실의 시대 / 100
시간의 역설 / 102
굴참나무 아래서 / 104
사막의 꿈 / 106
보리밭 사이로 흐르는 바람 / 108

제4부 : 잃어버린 시간

잃어버린 시간 / 110
노고지리가 우는 봄날 / 113
농부는 따뜻한 밥이다 / 114
입춘대길 / 116
날개 / 117
소중한 존재에 대한 예절 / 118
노란 초가집 / 120
외갓집 / 122
고등어자반 / 124
아내의 밥상 / 125
홍시, 아 그리운 어머니 / 126
그리움 / 129
돌담 설화 / 130
설날 아침 회억 / 132
긴 봄을 지고 / 135
온돌방 그리운 아버지의 사랑 / 136
노로이랴 노로이랴 / 138
꿈꾸는 자의 깃발 / 140
나무 도시락 / 142
청어靑魚 / 145
빈집 / 146
안부를 묻다 / 148

제1부

꿈에도 그리운 사람

가을의 뜨락에서

국화꽃 소담스레 피는 가을의 뜨락,
파란 호수엔 빨간 고추잠자리가
한가로이 헤엄치고
높은 하늘 위로 하늘색 꿈도 춤춘다

어느덧 풍성한 계절이 달려와 와락 껴안는다
푸른 청춘이 영글어갈 때
신작로 가장자리 아름드리 버드나무 아래
연분홍 코스모스들 길동무해 주고

버드나무 잎들이 천지를 몽롱하게 물들이며
노란 춤을 출 때
뾰족한 그리움 하나 살포시 가슴속에 숨었다

가을은 사랑의 계절
파란 가슴 하나하나에 영롱한 석류알처럼
반짝이는 보석으로 가득했으면

개똥벌레

까만 밤에 옥색 별들이 소풍 와서
넋두리하며 놀다가 길을 잃고
카르만 라인을 오르지 못하고 추락하여
개똥밭 개똥벌레가 되었다네

땅에 옥색 꿈빛이 소복이 쌓였다네
어두운 길 밝혀주는 개똥벌레는
원래는 신들이 꿈꿀 때 빛나는 별빛이었다네

하늘 향한 그리움이 한가득 넘치면
그리움이 쌓이고 쌓여
별빛도 새 생명으로 다시 태어났다네

간절함은 마음을 하늘로 이어주는 사닥다리
드디어 하늘 문이 열리고
개똥벌레에 간절한 기도는 별이 되었다네

개망초 연가

너는 땅을 탓하지 않지?
좋은 땅은 곡식들이 자라라고
스스럼없이 내어주고
자갈 가득한 가장 척박하고 험한 땅은
언제나 너의 차지였구나

바람이 불면 부는 대로
비가 오면 오는 대로
꿋꿋이 그 자리에서 순응하며 사는 여인

쓸데없는 잡초 같은 생이라고 설움을 받지만
그대는 화병을 고쳐주고
몸에 쌓인 중금속도 해독해 주고
소화도 돕는다니
알고 보니 그대는 사랑의 화신이군요?

푸른 한을 속 깊이 삭이다가
결국에 노란 눈망울에 깃털처럼 새하얀 성녀로
천지를 환하게 물들이는 당신

자신을 품어주지 않는다고 화내지도 않고
예뻐해 주지 않는다고 투정 부리지도 않는
그저 척박한 자갈밭 한 귀퉁이에서
억센 삶을 살아가고 있는 그대,
가만 보면 나는, 그대를 동경하는 나는
그대의 자화상이라오

그리움은 별이 되어

그리움이 소복이 쌓여 별이 되었다
까만 밤을 밝히는 별의 근원은
간절한 그리움이었구나!

파랗게, 하얗게, 붉게 빛나는
별빛이 쌓이고 쌓여 그리움이 되고
그리움이 쌓이고 쌓여 사랑이 된 별은
슬프도록 아름답다

그리움은 한없이 슬픈 꿈
언제나 밝게 빛나는 나만의 별
내 그리움이 속절없이 슬픈 꿈이었나

꿈에도 그리운 사람

붉은 태양은 뭉게구름 속으로 숨고
마당에 널어놓은 하얀 빨래 사이로
한가로이 오고 가는 고추잠자리

소나무 그늘 돌계단에 앉으니
쨍한 매미 울음은 천지를 울리고
그리움 한 자락 실은 바람이 온다

석류알은 쉴 사이 없이 붉게 영글고
기쁠 것 하나 없어도 빙그레 웃음이 나는
산 너머에 있는, 꿈에도 그리운 사람아

붉은 가을

밤새 내린 그리움이 변해 가을이 되었다
세상을 아름다움으로 치장하는
가을의 심상은 그리움이었나 보구나!

사람들은 저마다 하얀 손수건 같은
그리움 한 장 가슴에 품고
다들 그렇게 내색은 하지 않아도
그리움에 몸서리치며 살아가겠지!

삶이 우리를 속여
진심을 드러내며 살지는 못하지만
힘든 세상살이에 큰 한숨을 쉬며
허리 한 번 펴고 파란 하늘을 올려다보는 순간

너무나 푸르고 너무나 높은 하늘에 깜짝 놀라고
내 삶은 왜 이런가 깊은 한숨이 나오지만
그래도 고만고만 살아가는 것이
그렇게도 고맙지 않은가?

아름다운 가을은 나와는 상관없이
저만치 멀리 있다고 여기지만
그래도 가을은 우리에게
모든 것을 아낌없이 다 주고 떠나는
연인의 뒷모습 같은 것

얼굴에 굵은 주름 한 줄 늘었다고
또 낙심하지 말자!
우리네 인생도 흘러가다 보면
가을처럼 아름다워질 테니

그리움 하나
가슴에 꼭꼭 품고 살다 보면
어느덧 붉은 가을이 되어 있겠지!

감꽃

서쪽 밭 한 켠에
서 있는 감나무 위로 붉은 노을이
당신처럼 아름다워요

하얀 감꽃이 피고
노란 감꽃이 떨어지면
한 목숨, 다한 짚 오라기 한 올에
노란 감꽃을 알알이 꿰어
내 목에 걸어주며 하얗게 웃음 짓던 당신

어깨동무한 산들은 정겹고
손에 손잡고 흐르는 강물은 외롭지가 않네요
세상일이 고달파 흔들리며 가는 오늘
당신 품에 안겨 울고 싶어요

뒤에서 오는 사랑은 슬프도록 아름답고
새벽은 언제나 어둠을 밝고 오는 건가요
그리운 당신,
노을빛 속으로 가만히 스며드네요

끙끙 운다

연둣빛으로 물든 앞산에서
꿩이 붉은 울음을 운다
껑껑

짝을 찾는 울음인가
삶이 힘겨워 우는 울음인가
껑껑

꿩의 울음으로
파란 하늘 아래
복사꽃이 붉게도 피었다

거친 삶을 지고 가는 숨소리는
붉은 꿩 울음과 닮아서 언제나
끙끙

도라지꽃

붉은 황토밭에
흐드러지게 핀
보랏빛 도라지꽃

하얀 손가락 오므려
보랏빛 꽃봉오리를
톡 터뜨리면

하얀 손가락에
아린 보랏빛이
사르르 물든다

싸한 첫사랑
내 가슴에도
보랏빛 멍이 아른거린다

무지개

햇빛만으로도
빗물만으로도
절대 만들어지지 않는
햇빛과 비의 조화로움만이
일곱 빛깔 아름다운 너를 탄생시킨다

무지개는 햇빛과 비의
사무치는 그리움의 결정체

무엇이던 간절하면 이루어지는 법
허공에도 이렇게 찬란한 그리움을
그릴 수 있으니

별리 別離

가슴 사무치게 그립고
가장 뜨겁게 사랑해야 할 지금

아직 못다 한 사랑은 한아름 가득인데
준비 없는 이별이 믿어지지가 않아요

우린 또 이렇게 이별해야 하는 건가요?
아름다운 계절에 꼭 이래야만 하는 건가요?

다시 오겠다며 위로하지 마세요
한 번 떠나간 사랑이 다시 오는걸
본 적이 없거든요

그래도 가야만 하고 또 보내야만 한다면
시간을 녹여 만든 우리의 사랑

낙엽에 실어 서산 끝 하늘에 매달아
밤마다 빛나는 별이 되기를

외사랑

그대를 생각하면
서러웁다

그대를 바라보면
외로웁다

아무리 피 가슴
움켜잡아도

치유되지 않는
심연의 아픔

별은 뜨고
별은 또 지고

꽃은 피고
꽃은 또 지는데

그 너머로
펄펄 끓는 외사랑

이별

분홍 복사꽃 핀 부끄러운 봄날
그대 향한 나의 그리움은
나의 마음속에서 그대의 가슴속으로
쓸쓸한 세상을 아름다움으로
빛을 발하는 푸른 사랑이 되었다

열흘 붉은 꽃 없다더니
붉은 사랑이 채 익기도 전에
우리의 사랑은 허공을 나는 꽃잎 되어
허름한 세상에 아득하게 흩어졌다

이별도 사랑의 한, 방법인가
그대가 떠나가도 사랑은 영원히 남는 법
산이 높으면 골이 깊고
푸른 강물은 깊어 바닥을 알 수 없다

떠나간 그대의 마음은 공기처럼 가볍지만
쓸쓸한 세상에 남겨진 나의 마음은 태산이다
그 깊고 질긴 사랑을 단번에 자르고
높은 하늘을 나는 그대는 고고한 학이다

선혈 낭자하게 붉은 울음 우는 동백이
너무나 하얘서 슬픈 목련의 노래가
내 생에서 그대와 두 번 다시 사랑할 수 없음을
목 놓아 우는 붉고 하얀 절규인 것을

고추가 익을 때쯤

예쁘지도 않고 진한 향기는 없어도
온몸으로 사랑받는 하얀 고추 꽃

산들산들 파란 바람이 불면
푸른 청춘이 올망졸망 열린다

소쩍새 우는 밤은 그리움으로 지새우고
뻐꾸기 우는 낮에는 사랑을 센다

어느 메쯤 그리운 그대가 올까
기다림에 먼저 마음만 붉어진다

별

꽃을 보면
꽃 속에 별이 보이네

별이 땅에 내려와
꽃이 되었나

외로운 사람은 가슴에
별을 품고 사는데

깊고 푸른 그 별
아 그것이 사랑일 줄이야!

아득히 먼 그곳

별빛으로 그대를 담을 수 있다면
그대는 나의 별이 되고

그리움으로 그대를 담을 수 있다면
그대는 나의 연인이 되고

시린 가슴으로 그대를 담을 수 있다면
그대는 나의 사랑이 된다

별빛과 그리움과 사랑은
언제나 아득히 먼 그곳에 있다

제 2 부

하얀 사랑 머문자리

하얀 사랑 머문 자리

그대가 있던 그 자리
뜨거운 사랑이 머문 자리

그대와 손잡고 흰 눈 내리는 그 길
발자국은 하얗게 한, 발자국
또 한, 발자국
흰 사랑으로 빛났지

그대가 있던 그 자리
하얀 사랑이 머문 자리

사랑에도 비수 같은 뼈가 있어서
한평생 콕콕 찌른다

4월은

4월의 세상은 신록으로 물들기 전
연한 연둣빛으로 반짝입니다
순진하고 깨끗하고
단 하나의 꾸밈도 없는 세상

조롱조롱 봄비가 내리더니
맑은 하늘 위로 빛이 푸르게 빛납니다
청춘이 말갛게 빛나던 한때
꽃무늬 원피스에 살짝 드러난
하얀 그대의 무릎을 베고
평안을 누리던 연둣빛 세상이 눈에 아른거립니다

4월의 세상은
악에 물들지 않은 태초 그곳의 모습
선한 생명력으로 가득 찬 세상
행복은 저 멀리 있다며
끝까지 잡아보겠다는 어리석은 순례의 길을
멈추라고 사월은 명령합니다

4월은 옅은 자줏빛 라일락 꽃잎들이 팔랑거리고
아득한 라일락 향기는
단 한 번 안아 본 첫사랑 그녀의 향기입니다

은하수

은하수 이쪽과 저쪽 끝에 선
견우와 직녀처럼

간절한 연모에도
오작교가 없으니 만날 수가 없다

그 많던 까치와 까마귀는
다 어디로 갔을까

그리움 불덩이 한 아름 안고
은하수 이쪽 끝에서 뛰어내리면 날개가 돋을까

날개가 없음으로 사랑도 추락하여
푸른 슬픔을 밝히는 별이 되었다

목련

시린 그리움 한 움큼
하얀 마음에 가득 담아
사랑을 고백한다

언제나 그렇듯이
사랑이 호락호락 자신을 쉽게
허락한 적이 있더냐

북풍한설을 이겨내고
낮이면 따스한 햇살
밤이면 맑은 달빛의 열정에

이룰 수 없는 사랑을
마침내 환희로 봉긋 들어 올린
하얀 목련이여

슬픈 연가

받고 싶은 마음도 한 아름 없는데
주고 싶은 마음이
한 움큼도 있을 리 없을 거라는
유추類推가 깊은 슬픔의 원인이었다

두려워서 감히 사랑한다고
당당히 고백할 수 없는
꼭꼭 숨은 사랑은
거대한 절망 위에 우뚝 서 있다

한 걸음만 잘못 내디디면
천리나 먼 낭떠러지
살얼음보다 더 얇아
영원히 아파해야 할 사랑

고요한 낙숫물은
처마 밑 주춧돌을 기어이 뚫고
푸른 파도는 바위를 녹여
모래를 만들어 내고야 마는데

가녀린 그대 마음 하나 얻지 못해
한없이 부서져 내리는 눈부신 희망
간절한 기도는 끝없이 이어지고
별들도 눈물 흘리는 사랑

신은 저만치 고개를 돌려 외면하고
가슴 깊숙이 숨겨야 살아남는 초승달 사랑
속 시원히 탁 놓으면 아침 이슬처럼
순간적으로 사라질 아스라한 사랑

미련에 애절한 손끝을 놓지 못하고
파리하게 떨어지는 뜨거운 눈물 한 방울
언 땅을 녹이는데

첫눈

첫눈의 설렘으로 다가온 그대
첫눈은 세상을 다 감싸안지 못하고
잠시 머물다 가버리지만
내 마음속의 첫눈인 그대는
쉰 번의 첫눈을 맞이하도록
잊지 못하고 평생 가슴앓이만 남겨
그 깊이를 가늠할 길조차 없군요
오늘도 그날처럼 첫눈이 내리는군요
내가 그대를 이토록 연모하는지를
그대는 꿈에서조차도 알 수 없겠지요
단 한 번도 연모한다 고백한 적이 없었으니까요
보이지 않는 공기로 늘 그대와 심호흡
하며 살아온 것이 나에겐 그나마
커다란 위안이었습니다
어느 하늘 아래서 그대도 지금 내리는
첫눈을 바라보고 있겠지요
그대는 첫눈을 보면서 무슨 생각을 할까요
그대의 첫사랑을 생각하겠지요
첫눈이 내리면 그대에게 제일 먼저
생각 나는 이가 나였으면 얼마나 좋을까요
첫눈이 내리던 푸른 청춘의 시절에
이토록 연모하는 그대에게 왜 한 번쯤

나의 마음을 전하지 못했는지
회한의 한숨으로 가슴이 먹먹해집니다
거절을 당하더라도 당당하게 고백했더라면
첫눈이 내리는 날 이렇게 사무치는
그리움에 외롭지는 않았을 테니까요
언제쯤이면 그대는 함박눈이 되어
시린 내 외로움을 포근히 감싸안아 주실는지요
그날이 오기는 하는 건가요
설령 그날이 오지 않는다 하더라도
첫눈의 설렘으로 다가온 그대는
온전한 나만의 사랑입니다

영원한 불꽃 사랑

이유를 알 수 없는 깊은 슬픔으로 인해
도저히 잠들지 못하는 밤
하지만 내 의도와는 다르게
피곤에 지친 육신은 곤한 잠을 요구한다

이른 새벽 창문을 두드리는
세찬 빗소리에 선잠을 깬다
눈을 뜨나 눈을 감으나
그대는 항상 내 맘속에 있지만
늘 외로운 건 왜일까
위로의 마음을 가득 담은 그대에게
푹 안기고 싶다

언제나 날 기쁘게 했던 그대 향한 그리움과
내 영혼을 아름답게 수놓았던
젊은 내 기억 속에 담긴 환한 미소가
내 삶을 더욱 풍요하게 했다

하늘은 맑고 파랬고
황금빛 넘실거리는 꼬불꼬불한
논두렁을 사뿐히 밟으며
가녀린 그녀가 걸어와

텅 빈 내 마음속 깊은 곳에
하얀 텃밭에 자리 잡았다

모든 것을 함께 하고 싶었고
모든 사랑을 그대에게 주고 싶었다
수많은 밤들을 하얗게 지새웠고
못다 한 사랑으로 인한 눈물은
바다를 한가득 채우고도 남는다
사랑은 왜 더 많이 사랑하는 사람이
더 아프고 더 외로워해야 하는가!

비 내리는 날은
그대가 더욱 그리워지는 날이다
우산도 쓰지 않고
붉게 물든 황톳길을 하염없이 걷고 또 걷는데
비는 더욱더 세차게 내린다
그대와 나의 아름다운 추억들이
내리는 비로 인해 씻기어질까 두려워
급히 우산을 펴 든다

흐르는 시간 속에서
우리는 서서히 늙어가지만
시간은 그래도 마음까지는 늙게 할 수는 없는 것

마음이 청춘이라는 건, 그나마 커다란 축복

젊음의 뜨락에서 손 흔들며
나를 향해 환하게 웃어 주던 그대
섬섬옥수 하얀 손으로 내 손 꼭 잡아주던 그대
그리움이 사랑이란 걸 알게 해 준 단 한 사람
안녕이라는 그 짧은 말 한마디에
내 마음은 폐허로 변해 버렸다

또다시 희망의 그리움은
봄날에 돋아나는 새싹처럼 움틀 수 있을까?
가장 밝게 빛나는 시리우스의 저 별처럼
내 맘속에서 꺼지지 않는
불꽃으로 영원히 존재할 수 있을까?

물망초 勿忘草

꽃잎은 바람 따라 이리저리 흩날리고
먹구름 하늘 위로 장대비는 내리네

천둥은 고요한 세상을 하염없이 깨우고
화들짝 놀란 백로는 기어이 숲으로 날아가네

꽃반지 만들어 새끼손가락 걸어 약속한 사랑
어느 하늘 안에서 빛나고 있을까

빗물은 강물이 되어 손잡고 흐르는데
그대 향한 그리움은 바다 되어 넘치네

오래된 연인

찔레꽃 향이 나는 그대
찔레꽃 모양이 사랑이라는 사실을
맨 처음 가르쳐 준 그대

어느 날
느닷없이 들어온 그대 때문에
나의 모든 건 혼돈

벚꽃 흐드러지게 핀 그날
한줄기 연한 사랑이 몽실거린다

그대의 따스한 손을 잡고
벚꽃 길을 걸어가는데
한없는 설레임이 막 쪄낸 백설기처럼 하얗다

홀깃 곁눈질로 쳐다보는
그대 눈길이 포근했고

가만히 안아 본 그대는
작은 새처럼 파르르 떨렸다

그대를 향한 그리움에
하얀 밤은 지새우고

모든 것이 영글어 가는 계절
그대와 나의 사랑은 점점 깊어만 가고

이젠 서로의 눈빛만으로도
작은 손짓 하나에도

마음이 통하는
오래된 연인이 되어갔다

해가 뜨고
달이 뜨고

시간이 바람처럼 흘러가도
언제나 그 자리에 서서 나의 별이 되어 주는

그대가
너무 좋다

소복소복 자라는 봄

천둥과 번개를 동반한 초겨울비가
세찬 바람과 함께 밤새도록 내린다
이제 단풍도 낙엽이 다 되겠지
걱정과 한숨으로 잠 못 이룬 밤
비가 그친 초겨울 이른 아침의 들판
텅 빈 외로움만 한가득
끝내 묶지 못한 볏짚은 비에 젖어 애처롭고
먹이 찾는 까치의 울음은 서럽다

파도치는 겨울 바다가 보고 싶은 날
겨울 바다를 함께 본 그대가 그립다
바다는 언제나 그리운 이와 가고픈 신비한 장소
이루지 못한 사랑은 언제나
바르르 떨리는 멍든 추억,

초겨울에 핀 장미가 힘겹고
바람에 흔들리는 낙엽은 위태하다
단풍은 살아 있을 때도 예쁜데
떨어지면 더욱 애처롭게 빛난다
사라져 가는 것들은 다 아름답고
청춘이 익어가는 것은 필연의 법칙

동녘 하늘이 파란 빛깔로 맑아질 때
마음은 푸르름으로 한껏 떨리는데
활짝 피지 못해 서러운 인생
뒤늦게 흘리는 맑은 후회의 눈물
초겨울비가 언 대지를 적실 때
대지의 깊은 품속에서는
조용한 봄이 소복이 자랄 것이다

봄날은 온다

세찬 눈보라가 휘몰아치는 아침
느린 햇살은 차가운 공기 사이로 스며들고
시간은 비스듬하게 여린 그림자로
대지 위에 드러눕는다

꽁꽁 언 땅속에서도 새싹은
봄 꿈을 꾸며 꼼지락거린다
훈훈한 봄바람이 눈앞까지 와 있다는 걸
알기 때문이다

하얀 눈으로 쌓인 꽃봉오리도
봄날이 아장아장 걸어오는 소리를 들으려고
귀를 쫑긋 세우고 있다
머지않아 오는 봄을 마중 가리라 다짐하면서

그렇게 세상 만물은 봄을 고대하고 있다
우중충한 세상을 온 봄이 환하게 밝혀준다
생명이 사라진 곳에 생명을 불어넣으며
깊은 절망의 구렁텅이 속에서 희망의 빛을 전한다

삶은 걱정과 울분과 슬픔으로 가득 차 있지만
잠시라도 마음을 기댈 수 있는 봄이
빨리 왔으면 좋겠다

우리는 금처럼 반짝이는 봄을 기다리고 있다

사방팔방으로 갈라진 벽 속에도
비스듬하게 모난 생각들에도
봄 햇살은 어김없이 파고들 것이다

곧은 선들이 하늘 높은 줄 모르고 오르는
상실의 시대
희망을 안고 사는 모두에게로 봄날은 오고 있다

봉선화 연정

황토 돌담 아래
다소곳이 피어 있는 봉선화
분홍빛 연정이 몽실거린다

젊음의 뜨락에 앉아 흰옷 입은 누이가
손톱에 봉선화 꽃물을 들인다

"첫눈이 올 때까지 손톱에 물들인
봉선화 물이 남아있으면 첫사랑이 이루어진 데"
누이의 볼이 봉선화처럼 발그레 물든다

봉긋한 누이의 가슴에도
붉은 첫사랑이 숨 쉬고 있는 걸까
그 연약한 가슴으로 그 아픔을 어찌 견디려고
첫눈이 내리는 날

"오빠 이것 봐, 내 손톱에 붉은 봉선화 꽃물이
남아있어 첫사랑이 이루어지나 봐"
누이의 웃음이 함박눈처럼 희다

내 손을 잡고 누이는
첫사랑 그에게 시집을 갔다

잘 살아야 할 텐데,
누이의 첫사랑은 건들면 톡 하고 터지는
봉선화 씨방처럼
행복은 오래 가질 못했지!

흰 눈이 펑펑 내리는 날
누이의 첫사랑을 묻는데
언제 봉선화 꽃물을 들였는지
얼굴을 가리고 우는 새하얀 누이의 손톱엔
붉은 봉선화 물이 선명하다

오래가지 않은 첫사랑의 행복은
아픔이 되어 붉게 붉게 내린다

벚꽃이 필 즈음에

도란도란 벚꽃이 필 즈음에
봄도 한껏 부지런한 기지개를 켜고
벚꽃이 흐드러지게 핀 날은
사랑하기 좋은 날이다

손에 손잡고 벚꽃 길을 걷노라면
몽실몽실 나도 모르게 사랑이 샘솟는다
벚꽃이 중매쟁이가 되어
벚꽃 아래에선 연분홍 사랑도 잘 여문다

벚꽃이 필 때면 사랑하는 사람과 거닐던
그 길이 생각난다
새끼손가락 걸어 영원한 사랑을 약속했지만
세차게 부는 봄바람에 흩날리는 꽃잎처럼
영원 하자며 맹세한 사랑도
봄 하늘 아래로 허무하게 떨어졌다

돌아오는 봄마다 벚꽃은
화려하고 탐스럽게 피어난다
짧았지만 뜨거웠던 우리 사랑이
밑거름이 된 걸까

벚꽃 새하얗게 핀 그 길을 나 홀로 걷는다
하얀 봄 하늘 아래서 그녀도 짧았던
우리 사랑을 생각이나 할까!
세상살이 고달파 까맣게 잊고 살까!

세월은 두 번 다시 기다려 주지 않는데
한 번 떠나간 사랑도 다시 오지 않는데
그 사랑이 밉지 않도록 기도해 보지만
공연히 쓴웃음만 난다

잊히지 않는 사랑이
가장 시린 사랑이라는 것을
벚꽃이 필 즈음에야 비로소 알게 되었다

싸리꽃

언제 보았는지
이제는 기억도 가물가물한 꽃

빨간 댕기 묶은
이웃집 처녀 순이를 닮은 꽃

보름달에 보면
그리움에 흐느껴 붉게 변하는 꽃

태워도 태워도 가슴 절절하게 품은 연정으로
연기도 올리지 못하는 가녀린 꽃

눈물이 방울방울 흘러
똑바로 보아도 늘 흐릿한 싸리꽃

봄밤 별 하나

앞산 진달래는 분홍빛 그리움으로 피어나고
하늘이 씻고 간 실개천은 옥빛으로 빛난다

신작로 따라 길게 늘어선 고목의 가지
파란 새순들이 아장아장 걸어 나온다

누런 황소가 게으른 대지를 갈아엎을 때
화들짝 놀란 종달새의 꿈이 하늘에서 춤춘다

별 하나가 쉴 곳 찾아 헤매다가
외로운 가슴에 들어와 가장 밝게 빛난다

들꽃 향기

그의 얼굴은 막 피어난
푸른 들판의 패랭이꽃 같다
가녀리고 예쁜 패랭이꽃을 보면
언뜻 그의 모습이 떠오른다

버드나무잎 노랗게 떨어지는 어느 가을날
버들가지처럼 하늘하늘 나의 파란 가슴속으로
쏙 들어온 그날부터 지금까지
한시라도 잊은 적이 없는 예쁜 얼굴

꼭 한 번 안아 본 그의 품에선
들꽃 향기가 가득했고
버들가지처럼 바르르 떨던 그의 모습
서쪽 하늘에서 빛나는 샛별 같았지

뒷동산 꾀꼬리 소리 가득하고
앞동산 진달래가 붉게 피고
수정같이 맑은 물이 흐르는
온 천지 종달새가 노래하는 고향 마을에

아담하게 빛나는 황토로 집을 짓고
지붕에 새하얀 박꽃이 피어
밝은 보름달이 춤추며 놀러 오는 그곳에서
아들, 딸 낳아 오손도손 그와 함께 살고 팠다

그리웁다, 사랑한다
흰 가슴 한켠 전하지 못해
보름달이 환하게 뜨는 날이면
눈이 통통 붓도록 붉은 울음을 운 지가
몇 해였던가

하얀 가슴속으로 콕 박히는 가시처럼
이제는 아스라이 멀어지는 희미한 별빛
흔들리는 바람 속으로
힘겹게 던져진 붉은 그리움 한 조각
아 아직도 코끝을 스치는 아련한 그 들꽃 향기

시인의 행복

첩첩산골 다랑논 쌀로 밥을 짓고
남쪽 텃밭 채소로 밥상 차려 먹으니
세상 부귀영화가 부럽겠는가

물처럼 구름처럼 흘러가는 세월에
맑은 시 한 편 오롯이 남긴다면
한 번 뿐인 인생 여한이 있겠는가

초승달 어렴풋이 비추는 저녁
춘풍은 한가로운 매화를 간지르고
매화 은은한 향기에 천리가 몽롱하다

초설 初雪

첫눈은 첫사랑을 소환하는
마법의 도깨비

슬픔의 추억은 어느덧
황금 마차가 되고

나는 왕자
그대는 유리구두 공주님

첫눈이 내리는
텅 빈 운동장에서

오늘부터 새로운 일일
함박춤을 춘다

첫눈이 오는 날
첫사랑이 소복이 쌓인다

노을

바람의 유혹으로 꽃은 피고
시간의 심술로 꽃은 진다

강물은 이어서 바다로 흐르고
새들은 날아서 산으로 간다

서러움은 서쪽 하늘을 붉게 물들이고
아픔은 온전히 그대 가슴에서 온다

피지 못한 그리움은 끝내 울음이 되고
사랑은 결국 하늘 끝에서 진다

제 3 부

나무의 기도

나무의 기도

세상에 그저 열리는 열매가 어디 있으랴
나무를 보라
그 깊고 차가운 겨울날
벌거벗은 몸으로 잔뜩 날이 선 뿌리를
어두운 땅속에 숨기고
기도하는 날들이 얼마였겠는가

종달새들 종종 울음으로
마침내 대지가 큰 하품을 하며 깨고
깊은 산속의 계곡물이
서로 잡은 손을 스르르 놓으면
비로소 산도 부지런한 기지개를 켜며 일어난다

습한 바위틈에 하얀 겨울 꿈을 꾸던 도롱뇽도
가늘게 눈을 뜨는 봄밤이면
아직 시린 별빛이 내려와 친구 하자며
손을 잡는다

겨우내 시린 뿌리를 덮느라고
늦가을부터 벌거벗은 몸으로 드린
기도의 보상으로
나무들은 봄이면 연둣빛 새잎을 다시 받는다

나무들도 보이지 않는 것이 더 소중한 것을 안다
그러다가 노란 꾀꼬리 울음에
마침내 푸른 청춘이 된다

바람이 어디선가 불어와 나뭇잎에 머물고
하얀 나비 한 마리
여린 꽃잎에 숨어 달콤한 잠을 자고
따스한 햇살이 나뭇잎을 어루만지면
깊숙한 뿌리들은 땅속에서 힘차게 헤엄친다

천둥은 구름 속에서 용트림하고
구름은 백마처럼 비를 박차고 달린다
햇살, 바람, 비, 나비, 나뭇잎, 꽃, 뿌리
눈에 보이지 않는 수많은 땀이
하나의 열매를 만든다

변화의 바람은 어디서 와서 어디로 가는지
떨리는 바람과 흔들리는 햇살
시작과 끝 그리고 끝과
그 시작의 파르스름한 간격
세상에 그저 열리는 열매가 어디 있으랴

늦서리

가을바람이 파란색으로
온통 부는 날에는
뒹구는 낙엽들로 산천은 빨갛게 물들고
별이 초롱하게 빛나는 가을밤이 되면
세상을 온통 겸허하게 만드는
늦서리가 내린다

아버지는 묵은 구들을 들어내고
구들 속에 가득 찬 구새를
끌어내고 구들을 청소한다

붉은 황토를 바르고
그 위에 시멘트로 깔끔하게 미장을 하고
군불을 때어 시멘트 미장이 다 마르면
그 위에 신문지를 바른다

신문지 위에 시멘트 부대 종이를
잘 갈무리해서 방바닥에 바른다
엄마는 생콩과 들기름을 섞어서
시멘트 종이 위에 바른다

바닥 종이가 다 마르면 아버지는
노란 에나멜을 신나와 섞어서

방바닥에 여러 번 바르면 방바닥은
노란 윤기로 반지르르하게 빛나고
멋진 장판으로 변모를 한다

엄마는 햇살 좋은 가을날
격자 문살에 묵은 창호지를 다 떼어 내고
맑은 우물을 두레박으로 길러
방문을 말갛게 청소한 뒤
하얀 창호지 위에 풀을 발라
방문 한 짝 한 짝을 잘 바르고
가을 햇살에 반나절 말리면
새하얀 방문으로 탄생한다

황토마당에 바람 소리가 뒹굴어도
두런두런 이웃 아주머니의 소리가 나도
편지요, 외치는 집배원 아저씨의 목소리도
빨간 사과를 닮은
과일집 소녀의 반가운 발걸음도

부끄러움에 방문을 와락 열지 못하고
손가락에 침을 묻혀 소리 소문도 없이
구멍은 뚫어 바깥을 살피곤 했었지,
방문 손가락 구멍은 소식을 전하는 전서구
숭숭 뚫린 그 구멍 사이로 늦가을이 성큼
들어오곤 했다
엄마는 겨울이 되기 전에
황토밭에서 기른 새하얀 솜을
읍내에 나가서 햇솜을 타서 오시고

그 햇솜으로 이불을 만드셨다

이불 천은 알록달록 예쁘고
광목천에 빳빳하게
물들인 새하얀 그 이불의 감촉
묵직하게 누르는 그 솜의 무게
얼굴까지 푹 덮어쓰면
달디단 향긋한 엄마의 내음

새 이불을 덮고 잠자는 그날의 꿈은
하늘이 열리고 끝없는 사닥다리가 반짝이는
별들을 지나고
천사는 사닥다리를 오르락내리락하고
경이로운 천상의 꿈을 꾼다

아침에 눈을 떠 방문을 활짝 열어젖히면
황토마당엔 새하얀 눈처럼 된서리가 내렸다
호박잎이랑 감잎은 다 떨어지고
황토 담장 아래 붉은 국화꽃만 더욱 싱싱하고
그 붉은 향기는 온 천지를 감쌌다

어느덧 세월은 흐르고 흘러
여기까지 왔는데
그리운 것들은 다 사라지고
세파에 주름도 늘어만 가고
어머니, 사랑, 꿈, 그리움은
언제나 산 너머 먼 그곳에 있다

샛강의 백조

봄은 나른한 하품을 하고
잔잔한 물결을 일렁이며 헤엄치는 백조들

흰 깃털은 바람에 흔들리는 선율
아름다운 목은 깊은 사색을 그린다

물아래는 역동적인 분주함
겉은 한없이 평온하다

파문은 봄 햇살을 뚫고
모든 것을 받아들인다

샛강은 백조의 거울이 되고
세상은 온통 그를 닮고 싶어 한다

언젠간 남쪽을 향해 날아오를 때
잃어버린 꿈도 함께 날아오르리

보석

보드라운 햇살은
신선한 새봄을 만들고

정열의 햇살은
열정의 여름을 만든다

풍요로운 햇살은
아름다운 가을을 만들고

차가운 햇살은
꿈꾸는 겨울을 만든다

고난은 빛나는
인생의 보석을 만든다

동백 아가씨

하얀 파도가 푸른 바다를 울릴 때
붉은 마음으로 간절히 피는 여인이여
그대는 스스로 푸른 바다에
몸을 던진 적이 한 번도 없다는 소문인데

그대라고 늘 좋은 일만 있을까요
때론 거센 폭풍에 몸이 상하고
극심한 갈증에 쪼그라드는 심장을 움켜쥐고
번개에 맞아 까무러치기도 한다지요?

추운 바닷바람을 마시고
짠 소금을 삼켜 타들어 가는 목울대를
간간이 내리는 새벽이슬로 목을 축이며
끈질기게 살아남았다는 소문인데

그대는 삶이 힘들어도 그저 묵묵히
속으로만 눈물을 흘리시는군요?

그 깊은 회한이 둥글게 응어리지면
마침내 그대는 홍등불이 되어
바닷가에 붉게 붉게 내거신다지요?

알고 있어요

하늘도 구름도 나무도 날아가는 새들도
심지어 부는 바람까지도 담는
강은 속 깊은 거울이에요

강이 거울이라는 그 믿음을
쉽게 져버리지 않겠어요
강에 비추는 모습은
속 깊은 진실이기 때문이에요

햇살 가득한 날
바람이 불지 않는 날
따뜻한 봄날이 오면
나는 강이 속 깊은 거울이라고
더 세게 우길 거예요!

그러다가 바람이 심하게 부는 날
비가 내리는 날
먹구름이 가득 낀 날
꽁꽁 언 거울이 오면
나는 비로소 강이 거울이 아니었다는 사실을
알고 눈물을 흘릴 거예요!
하지만 어때요

햇살 가득한 날
바람이 불지 않는 날
따뜻한 봄날이 오면
강은 다시 거울이 된다는 것을
어느 누구도 속이지 않는
진실한 거울이 된다는 것을

산다는 건

가을바람은
모든 것을 풍요롭게 만들지만

갈대는 텅 빈 마음으로
벌써 겨울을 맞을 채비를 한다

좋아하는 일을 하지 못하는 갈증은
참을 수 없는 고통

사랑하는 사람의 사랑을 받지 못하는 건
최고의 절망

산다는 건
아름다운 꿈을 이루기 위한 기나긴 여정

가을이 오면
아 가을이 오면

그대에게 연서를 써서 낙엽에 실어 보낸다
언제 답장을 받을지 기약은 없다

반딧불이 사라진 그곳에도
희망은 들꽃으로 피어나고

밤하늘에 빛나는 푸른 별처럼
밤바다를 밝히는 등대처럼

언제나 그대 곁에서
빛나는 사랑으로 살고 싶어라

청춘의 시계

꾸불렁 제멋대로 생긴 다랭이 논에
황금빛 물결이 춤을 추던
고향의 가을 들녘

신작로 가로수는
노란 버들잎을 비처럼 내리고
저 멀리 들국화는
아득한 그리움으로 피어나고

아름다운 고향 가을을
그녀에게 한 아름 안기고 싶었지만
하얀 도시 내음을 폴폴 풍기던
그녀는 끝내 고향 가을을 구경하지 못했다

파란 물이 뚝뚝 떨어지는 하늘 위로
한가로이 헤엄치던 그 많던
고추잠자리는 다 어디로 갔는가!

살금살금 다가가 살포시 잡으면
파리한 몸짓으로 자유를 갈구하던 너는
어느 하늘 아래서 자유를 얻었느냐?

꾸불거리던 논둑도 다 사라지고
노란 버들잎을 날리던 신작로 가로수도
다 베어지고
금의환향을 꿈꾸던 떠꺼머리총각도 이제는 없다

그래도 아직 청춘이냐고 시간은 묻는다
도적맞아 흐르는 시간이
눈에 보이는 연륜이 되었지만
아직 청춘인 마음까지야 훔치질 못한다

빨간 단풍잎 위로는
높고 청명한 가을 하늘이
한가로이 웃고 있을 뿐

청춘이 다 지나가면

바람은 구름을 나르고
구름은 햇살을 안는다

꽃은 피고
꽃은 지고

별들은 돌고 돌아
제자리를 찾아오는데

청춘이 다 지나가면
들꽃 하나도 더 아름답게 보인다

사랑이 사랑이
별처럼 우수수 떨어진다

복사꽃 꿈

비 개인 생명의 땅엔 연둣빛 풀빛이 짙어 오고
먹구름 가득 낀 마음에 한줄기 빛으로 들어온
복사꽃
멀리 문암산文岩山 고즈넉한 자락까지
연분홍 향기로 물들인다

새로운 골짜기엔 인물이 넘쳐나고
복양가를 부르는 농부의 얼굴엔
희망의 홍조가 흐른다

어느덧 파란 바람이 불어와
연분홍 꽃잎을 사방으로 날리면
떨어지는 꽃잎처럼 그렇게 세월도 가고
인생도 흐른다

먼 젊음의 뜨락에 서서 손 흔들어 보지만
잡힐 듯 잡힐 듯 잡히지 않는 인생의 무지개여
긴 봄날의 화려한 무릉도원인가 싶더니
깨어보니 일장춘몽이라
긴 봄날은 또 그렇게 가는가 보다

내가 꿈꾸는 그곳

늦은 밤,
피곤한 육신은 포근한 잠을 갈망하는데
먼 미래를 바라보는
나의 정신은 새파랗게 반짝인다

한 육십여 년 정도 살아왔으면
이 행성에 정이 들 만도 한데
나에겐 먼 타향처럼 서먹하기만 하다가
나는 지구 행성이 고향이 아닌
아름답고 멋진 나의 별을 두고
떠나온 떠돌이가 아닐까?

어느 날 문득 먼 곳의 세계가 그리워
무작정 우주선을 타고 별들을 여행하다가
갑자기 내 우주선이 고장 나서 표류하다가
삭막한 지구 행성에 불시착한 것은 아닐까?

나의 별에서는 분명 어린 왕자였으리라
그곳에서는 멋진 삶을 살았으리라
사시사철 아름답고 멋진 꽃이 피고
수정같이 맑은 강물이 흘러내릴 것이다

강기슭 새하얀 모래언덕엔 열두 달마다
향기로운 과일이 주렁주렁 열리는 그곳
늘 밝은 빛이 가득 차서 어둠이 없는 그곳
사랑과 평화와 행복이 가득한 그곳
욕심부리지 않아도 부족하지 않게 채워지는 그곳
난 그곳에서 길들여지고 생활해 왔기에
이 지구 행성의 삶은 늘 서툴고 불편하다

타향은 언제나 불변하고 피곤한 법
하지만 타향살이는 본향을 늘 꿈꾸며 사는
희망의 처소이기도 하다
내가 타고 온 우주선이 고쳐질 그날
나는 정답고 행복하게 살았을
진정한 나의 고향별에 돌아가련다

돌아가서 지구 행성의 삶도
나름 아름다웠다고
나의 고향별 친구들에게 자랑하련다
이 거친 지구 행성에서
난 오늘도 내일도 내가 영원히 살아갈 그곳을
꿈꾸며 산다

소망 所望

한 발자국 더
가까이 다가가고 싶지만 두려웠다

한 발자국 거리를 두더라도
너를 잃고 싶지 않기 때문이다

그리 멀지도 않은 한 발자국
나에겐 천만리 같은 먼 거리

그대가 한 발자국만
더 가까이 다가와 준다면

동동 나그네

은빛 비늘을 반짝이며
바다로 헤엄치는 강물을 건너
먼 산 여린 가지에 애처로이
붙어 있는 마지막 붉은 잎새를 톡 떨구고
갈기를 휘날리며 갈색 바람이
텅 빈 늦가을 들판을 마구 내 달린다

가을 행복을 한 아름 안으려는
희망도 갈색 바람과 함께 사라지고
먼 산 너머 그곳에 다소곳이 있는
그리움만 가득하다

사랑도 인연이 아니면 맺지 못하고
싱싱한 땡감도 떨어져 대지를 멍들게 한다
뒤돌아보면 언제나 축 처진 어깨로
터벅터벅 따라오는 창백한 그림자
붉은 감 홍시 하나는 꼭 까치밥으로 남기는 다정

파란 하늘은 닫히고 햇살은 노을이 되어
서산마루를 붉게 물들일 때
흰옷 입은 나그네 하얀 발자국 남기며
별 따라 동동걸음을 재촉한다

안개 제국

강은 늦가을 아침이 되면
너른 땅을 뿌연 안개로 뒤덮어 버린다
모든 것이 불확실하다

중무장 한 아낙들은
마늘을 심는다고 참새떼처럼 옹기종기 앉아
저마다 무지갯빛 사연으로 두런거렸다

그 오랜 세월 동안
마늘을 심고 장에 내다 팔았지만
곰이 사람이 되었다는 소식은 들려오지 않았다
곰이 사람이 되는 건
곰 한 마리만으로 충분했으리라

안개 낀 가을 도로는 무척이나 위험하다
산에 사는 고라니 어미는 이른 새벽에
집을 나간 새끼 고라니를 찾으러 나왔다가
한순간 도로에서 생을 마감했다

며칠 전 칠순 노인이 낡은 경운기를 타고
장을 보고 오는 길에 안개에 갇혀 있다가
뒤따라오는 덤프트럭에 치여 절명했다
착하고 성실한 노인이었는데 안개는
선한 자와 악한 자를 가려주지 않았다

뿌옇게 안개 낀 너른 들판에
공수부대 낙하산병처럼
거미줄이 여기저기 하얗게 퍼져있다
거미는 저마다 불멸의 신,
헤파이스토스에게 기술을 전수 받아
투명한 그물을 만들어
풍요로운 들판에 쳐 놓았건만
얻은 전리품이라곤
무거운 안개만 걸려 대롱거릴 뿐

질긴 가난은 아버지의 흰 수염을 슬프게 만들었다
평생 원수인 가난을 이겨보고자
흰 그물을 너른 땅에 그렇게도 넓게 폈지만
부귀영화는 안개처럼 끝내 그물에 걸리지 않았다
파르르 떨리는 속눈썹에 안개가 내려앉아
세상은 더욱 흐릿하게 보인다

상실의 시대
- 코로나19 세상을 살아가면서

마약 겨울비라도 쏟아질 듯한
암울한 하늘이 마음을 더욱 무겁게 누른다
앙상한 가지만 드러낸 나무들 사이로
바짝 마른 환자복 차림의 노인 한 분이
체념을 친구 삼아 힘없이 걸어간다

한때는 젊은 청춘의 때가 있었고
정열의 사랑도 있었고
인생 성공 가도를 달렸으리라
아프다는 건 얼마나 힘든 일인가!
외로움은 또 얼마나 가슴을 시리게 하는가!
달리는 버스 차창으로 보이는 마스크 쓴
손님들 눈에도 근심은 가득하다

하얀 웨딩드레스를 입은
눈부신 아름다운 신부의 미소는 어디 있는가!
손에 손잡고 꽃길을 걷던 해맑은
아이들의 제잘거림을 언제 다시 들을 수 있을까

눈에 보이는 것보다 보이지 않는 것이
더 위험한 세상을 살아가는 인간은 또 얼마나 나약
한 존재인가!
좀 더 겸손하게 세상을 안고
좀 더 사랑으로 자신을 보듬자

산다는 건 다 그렇지
힘들어도 살아가야 하고
희망이 보이지 않아도
희망을 품고 살아야 하는 것

자꾸만 내려오는 마스크를 새로 고쳐 쓰며
먼 하늘 줄지어 날아가는 기러기를 바라본다
산다는 건,
기러기처럼 본향을 향해 여행하는 것

시간의 역설

시간이 모든 것을 지울 수 있다는 것은
시간만의 오만이 아니다

폭풍우 속을 헤집고
거칠게 지나가는 시간

따스한 봄날에 제비꽃 위에
살포시 내려앉는 나비 날개의 시간

흠씬 엄마 젖을 먹고
쌔근쌔근 잠자는 어린아이의 시간

같이 있고 또 있어도
언제나 갈증이 나는 연인들의 시간

억누를 수 없는 슬픔에
속절없이 눈물만 흘리는 시간

어느 것 하나 그저
사라지는 시간은 없다

시간이 기록되지 않을 거라며
함부로 살지는 말자

모든 시간은 마음속에
우주의 깊음 속에 은밀하게 기록된다

정의든 불의든 금강석 같은 영원한 시간에
깊이 기록된다

시간이 흐르면 모든 것이
용서되리라는 오만은 버리자

시계 가장자리를 또르르 구르며
흐르는 시간

지구 한 귀퉁이에서 피고 지는
들꽃은 가장 순진한 시간

굴참나무 아래서

별이 뜨는
먼 산 너머 그곳엔 언제나
푸른 그리움이 숨어 산다

남으로 난 조그만 창문
활짝 열어젖히고
붉그레한 촛불 하나로
어두운 방을 밝힌다

불빛에 일렁이는 그림자 하나
반가움에 맨발로 마당에 내려서면
횡한 가을바람만 옷깃을 스칠 뿐
그리운 그대 모습은 보이질 않네

달도 서산으로 숨어 버린 깊은 밤
가슴에 붉은 연정의 등불을 밝히며
그대에게 가는 길

산모롱이 굽이굽이 돌면
흰 사슴들은 별빛에 춤을 추고
부엉이는 깊은 골짜기에서
동네를 굽어보며 운다

커다란 굴참나무가 뒤란을 지키고
노란 국화꽃이 피고
석류가 붉게 익어 가는 그대가 사는 집

창문 너머로 어렴풋이 보이는
그대의 그림자
방에 불이 꺼질 때까지
갈바람 맞으며 오랫동안
굴참나무 등에 기대어
진한 그대의 향기만 음미한다

어둡고 좁은 길을 걸어와
그토록 연모하는 그대를 부르지 못하고
용기 없어 쓸쓸히 돌아서는 발걸음

별빛은 하염없이 내리고
내 마음은 우수수 떨어지고

그대는 새벽이슬 머금은
한 떨기 구절초
언제나 그리움으로 활짝 피어난다

사막의 꿈

흰 낙타는 은방울 울리며
까마득한 사막을 가로질러 왔다
사막을 건너는 낙타에게는
방울을 달지 않는데 유독
흰 낙타만이 은방울을 달고 있었다

잠자던 사막이 깨어 무시무시한
모래폭풍을 일으키지 않은 것이
신기해서 흰 낙타에게 그 비결이
무엇이었냐고 물어봤다

방울 소리에 맞추어 사막에게 자장가를
불러주었다고 했다
잠자는 사막은 꿈을 꾼다
흰 낙타의 자장가를 들으며 무슨 꿈을 꿀까
사막의 꿈이 궁금했다

흰 낙타의 목에서 은방울을 떼고
조용히 아주 조용히 사막에 도착해
잠자는 사막을 깨웠다
사막은 깊은 잠에서 깨어나질 못했다
흰 낙타 옆에서 기다리다 지쳐서
스르르 잠이 들었다

꿈속에서 만난 사막과 이야기를 나눴다
- 너의 꿈이 무엇이지?
- 나의 꿈 아 그거
사막이 부끄러운 듯이 나지막하게 말했다
- 내 꿈은 사과나무를 심는 것이야

사과꽃이 피고 향기롭고 빨간 사과가 가득한
동산을 만드는 것이 내 꿈이야
배고픈 자 누구라도 와서 실컷 먹을 수 있게

영혼이 맑은 자들은 사막에 한 그루
사과나무를 심는다
사막이 푸른 사과나무로 가득 차게 되면
세상은 어느덧 아름다운 낙원이 되리니

보리밭 사이로 흐르는 바람

보리밭 사이로 어머니 손길처럼 스미는 바람
초록빛 물결을 춤추게 하는 노래,
햇살의 금 실타래가 그 위를 수놓으면
들판은 곧 하나의 황금바다처럼 빛난다

바람은 속삭인다
새벽이슬의 이야기를
밤하늘 별빛 아래 쉬어간 추억을
보리이삭은 몸을 기울이며 모든 이야기를 품는다

땅과 하늘 사이를 가로지르는 그 길
바람은 길을 만들고
그 길 위에 우리는 오래된 꿈을 얹는다
가난했던 날의 노래 풍요를 바랐던 손길의 기도

아직도 그 노래는 끝나지 않는다
보리밭은 늘 그 선율 속에서 잠들고 깨어난다
보리밭 사이로 흐르는 바람은
추억의 시간이 되고 희망의 노래가 된다

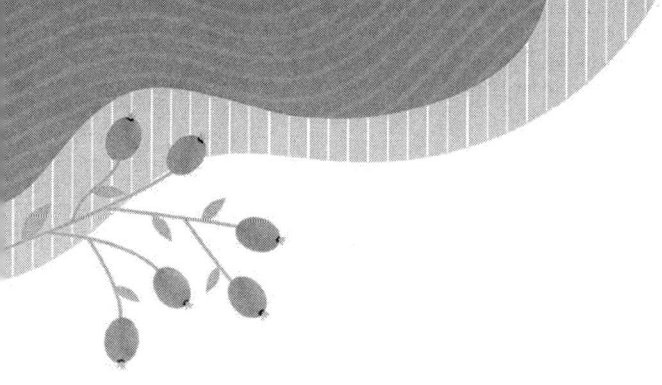

제 4부

잃어버린 시간

잃어버린 시간

나무는 죽어서도 사람에게 온기를 남기고
그리움은 언제나 산속 깊숙이 숨어서 산다

겨울이 되면 아버지는 게으른 하품을 하는
암소를 수레에 매고 온 가족을 태우고
구워 낸 군고구마 향이 나는 겨울 햇살을 헤치며
황톳길 건너 눈 덮인 산으로 땔나무 하러 가는데
암소는 콧김을 푹푹 내뿜는 녹슨 기차가 되어
잃어버린 시간을 헤아리며 느릿느릿 나아간다

겨울이 되면 나무는 제 옷을 벗고
비로소 파란 하늘을 올려다보는 자유를 얻는다
나무는 거추장스러운 옷을 벗어야
제 몸이 산다는 것을 안다
사람들은 많이 가지려는 욕심을 움켜쥐지만
나무보다 못한 인생을 산다

아버지는 큰 도끼로
꽁꽁 얼은 고지뱅이*를 패고
엄마는 소나무에 붙어 있는 삭정이를
무딘 낫으로 하나씩 베어서 나뭇단을 만든다

누이는 소나무 아래 깔 비를 긁어모으며

시린 손을 호호 분다
나는 누이 손에 묻은 갈비*를 털어 주고
언 손을 꼭 쥐여주면 누이에게서
누운 소나무 갈비 향이 난다

산골짜기에서 부는 파르스름한 바람은
가족들의 이마에 송송 솟은 땀을 닦아주는
비단 수건이 되고
어느덧 암소가 끄는 수레에 나무가 가득 쌓이면
아버지는 힘없이 쓰러진 풀을 베어
암소 먹이로 주고
암소는 흰 거품을 내며 순한 웃음을 웃는다

햇살 가득한 양지바른 곳에
온 가족이 도란도란 둘러앉아
엄마가 준비해 온 도시락을 먹는다
흰 눈이 소복이 쌓인 응달 토끼 굴에서는
토끼가 큰 귀를 쫑긋거리며 우리를 째려본다

산새 한 마리가 망개 열매에 앉아 있다가
포르륵 붉은 궤적을 남기고 날아오르고
식은 밥에 김치 하나, 단출하지만
김치를 북 찢어 찬밥에 얹어 한입 먹으면
엄마의 사랑이 온 가슴에 스며든다

산그늘이 앞산을 덮을 즈음에
가득 실린 나무 수레가 대문에 들어서고

엄마는 아버지 손에서 암소를 받아
외양간에 들인다

나와 누이는 피곤에 절은 신발을 댓돌에 벗어놓고
언 몸을 녹이려고 아랫목에 누우면
창호지 바른 문틈 사이로
아버지가 쇠죽을 끓이는 소리가 타닥타닥 들린다
어느새 아버지의 사랑은 뜨듯한 아랫목이 된다

인생은 꿈만 같구나, 한마디 남기시고
아버지는 그리움을 한 지게 지고
깊은 산속으로 걸어 들어가신 후
두 번 다시 집으로 돌아오시지 않는다

이제는 곧은 직선으로 하늘 높이 달리는
편안한 아파트에 사람들은 살지만
잃어버린 시간은 그리움이 되고
그리움은 산속 깊숙이 술래가 되어
언제나 소년과 숨바꼭질하고 있다

* 고지뺑이 : 썩은 나무 그루터기
* 갈비 : 소나무 낙엽

노고지리가 우는 봄날

마주 보고 누운 앞 뒷산에서도
넓은 대지의 품속에서도 노고지리 운다
노고지리가 울면 얼어붙은 겨울은 가고
잰걸음으로 봄이 온다

앙상하게 서로를 너무나 잘 아는
나무들도 부끄러워 서둘러 새 옷을 입고
꽁꽁 얼어 목소리도 내지 못하던
산골 물도 시원하게 목소리를 내고
연분홍 꿈빛 꿈꾸던 진달래도
붉은 꿈을 활짝 피워내고야 만다

천지가 노고지리 장단에 생령의 춤을 춘다
엉긴 강물도 운명의 사슬을 풀고
바다를 향해 느릿느릿 헤엄을 치고
삶의 뾰족함에 할퀴고 찔려
상처뿐인 인생에도 봄은 온다

온 기운을 다하는 노고지리,
노고지리의 가녀린 울음으로
큰 봄은 이렇게 오고야 만다

농부는 따뜻한 밥이다

농부는 한 달이 되었다고
월급이 나오지 않는다

농부는 일 년이 지났다고
호봉이 올라가지도 않는다

농부는 연륜이 쌓인다고
승진되는 일도 없다

농부에게는 주 5일 근무도
편안히 하루 쉬는 공휴일도 없다

예쁜 꽃들 위로 이리저리 날아다니며
꿀 따는 나비가 부럽고

창공을 유유히 나는
매의 자유가 농부는 한없이 부럽다

봄 여름 가을 겨울 쉬지 않고 개미처럼 일해도
늘 가벼운 농부는 참 슬픈 짐승이다

비가 오면 비가 많이 올까, 걱정
비가 안 오면 가뭄이 들까, 걱정
농사가 잘되면 가격이 폭락할까, 걱정
농부의 가장 친한 친구는 다름 아닌, 걱정이다

그럼에도 농부로 사는 건, 행복이다
가장 가난한 마음으로 창조주를 섬기며
가장 간절한 마음으로 기도하는 삶을 산다

이른 아침 치열한 삶의 전장으로
떠나는 이들에게 따뜻한 밥 한 끼
먹을 수 있게 해 주는 농부는 밥이다

입춘대길

노란 스카프를 쓴 젊은 아낙네가
양지바른 논두렁에서 냉이를 캔다

찬 바람에 통통한 볼은
빨갛게 단다

아지랑이 아른아른
먼 친정집 엄마 생각

부드러운 입춘 햇살에
그리운 눈물 한 방울 언 대지를 녹이고

입춘대길 건양다경 대문 활짝 열고
봄이 성큼 들어선다

날개

노란 이무기 한 마리
얕은 연못에 갇혀
타는 목마름에
반백 년 하루가 힘겹다

여의주는 있지만
날개가 돋지 않아
황룡이 되지 못했다

창공을 훨훨 나는
이무기의 꿈도
날개가 없으므로
끝내 추락하고야 말았다

소중한 존재에 대한 예절

봄, 여름, 가을, 겨울
칠만 오천 원짜리 겨울 구두 한 켤레로 난다
여름엔 무척이나 덥지만 참는다
가난한 농부에겐 구두 두 켤레는 사치
일 년에 대여섯 번 예식장 갈 때 신고
일 년에 너댓번 장례식장에 갈 때만 신는다

내 구두는 일 년에 열댓 번
삶과 죽음을 오갈 뿐
나에게는 일만 오천 원짜리
장화 한 켤레가 더 필요하다

아무리 더워도
아무리 추워도
장화는 언제나 내 친구
무서운 뱀도 막아주고
축축하게 스며드는 물도 막아주고
스치는 풀독도 막아준다

구두와 장화를 번갈아 본다
일 년에 몇 번 안 신는 구두는 반짝반짝
장화는 언제나 흙투성이

소중한 것에는 막 대하는 경향이 있다
흙투성이 장화에게서
사람됨의 예절을 배운다
소중한 존재는
소중하게 대해야 한다는 걸

노란 초가집

본채는 세 칸 초가집
아래채도 세 칸 초가집
눈 녹은 물이 기다란 고드름을 만든다

엄마는 뒤란을 파고 큰 장독대를 묻는다
햇짚으로 이엉을 엮어서 움막을 만들고
거기에 정성 들여 담근 김치를 차곡차곡 쌓는다

흰 눈은 소리 없이 내리고
배고픈 참새들은 김치 움막에 옹기종기 모인다

살얼음이 살짝 낀 김치를 박 바가지에 담아내고
사기그릇에 보리밥은 수북이 담기고
쇠죽솥에선 장작불이 벌겋게 타고
마구간에선 소가 게으른 하품을 한다

동그란 앉은뱅이 상엔 식구들이 둘러앉아
보리밥에 김치 한 조각, 북 찢어 저녁을 먹는다

별빛도 졸려 깜박이고 있는 뒷동산
외로워 우는 고라니 울음
늑대가 따라다닌다는 부엉이 울음

삭정이 가지에 심하게 부는 북풍 속
작은 새는 어느 나무 위에서 추위를 피할까
산토끼는 어느 굴에서
큰 귀를 감고 깊은 잠 들었을까

외갓집

백년 넘은 감나무에
감들이 빨갛게 익어 갈 즈음에
외갓집 밤도 알알이 영글었다

까만 고무신을 신고
억새 하얗게 피어 있는
황톳빛 산길을 걷다 보면
어느새 정다운 초가집 하나

삽작문 옆에는 커다란 바위가
위용 있게 집을 지키고
거친 세월을 보낸 외할머니 하얀 머리카락이
발그레한 손자 볼을 간지럽힌다

부끄러움이 많아 선뜻 삽작문을 열지 못하고
바위에 수줍게 앉아 있으면
물동이 이고 물 길으러 나오시던
외숙모님이 들어가자며 손길을 내밀고
마지못해 따라 들어서는 외갓집

외할머니는 넓은 대청마루에 앉아
붉은 고추를 다듬으시면서

다들 잘 있냐며, 우리 손주 배고플 텐데
칼국수라도 만들어 먹이라고
인자한 말로 며느리에게 말씀하셨다

대청마루에선 칼국수가 홍두깨에 말려
가지런히 썰어지고
텃밭에서 따온 애호박을 넣어서 만든 외숙모님 칼국수는
가난에 시달린 외조카의 뱃속을
따스하게 채워주셨다

큰 외종 누나의 손을 잡고 뒷산 밤나무에서
밤을 줍고 내려오는 길에
달디단 단감도 먹으라고 서너 개 따 주는
넉넉한 누나의 정이 포만을 준다

집으로 돌아올 때면
외할머니께서는 무게를 이기지 못할 만큼
단감이랑 밤을 챙겨 주셨던
어린 시절 최고로 행복했던 그곳
그 외갓집

고등어자반

한때는 푸른 바다를 마음껏 누렸으리라
늘 푸른 바다를 보며 푸른 꿈을 꾸었기에
너의 모습은 죽어서도 푸르르구나

어머니는 몸이 약한 나를 위해
보약을 정성껏 달여서 먹이시고
입이 써서 찡그리는 나에게 달콤한 곶감을 주시면서 하시는 말씀,
"고등어 굽고 있으니 먹고 건강 하거라"

보약 달인 화로는 참나무 숯이 벌겋고
살신성인으로 누워 노릇노릇 요염한 고등어,
손으로 살점 찢어 밥에 올려 주시던 어머니
고등어는 어머니의 사랑이었지

붉은 숯이 이글거리는 화목 보일러에
아내가 푸른 고등어를 굽는다
몸이 약한 남편을 위해 정성으로 구운 고등어
아내에게서 어머니의 사랑이 어른거린다

고등어자반에 저녁을 먹고 마당에 나서니
소한 찬바람 속에서
서쪽 하늘에서 유독 붉게 빛나는 별들
그리운 어머니 생각이 난다
별빛은 더욱 붉게 스쳐 가는 데

아내의 밥상

아내가 해 주는 밥상은 원초적
꾸밈없는 순수함
조미료를 사용하지 않아도
단아한 맛이 난다

건강은 아내의 밥상에서 나오고
세상은 정직을 잃어가지만
아내의 밥상은 늘 정직하다

아내는 삼시세끼 무언으로
나를 가르친다
밥상에 부끄럽지 않게 살으라고
착한 자연이 밥상에 겸손하게 앉았다

홍시, 아 그리운 어머니

감나무 잎에 울긋불긋 예쁜 단풍이 들면
여름내 비지땀 흘리던
가을 들판은 황금물결로 춤을 춘다

면 소재지 중학교에서 가을 운동회가 열리는 날
엄마는 외갓집에서 붉게 익은 홍시를 정성껏 따서
넓은 대광주리에 소담스럽게 담아 머리에 이고
황톳길 신작로 십리 길을 힘겹게 걸어가시고
나도 종종걸음으로 엄마를 따라 길을 나선다

인근 고장 사람들이 모두 다 모여
만국기 휘날리는 높은 가을 하늘 아래서
흰 춤을 춘다

청군 백군으로 편을 나누어
이겨라~ 이겨라~
힘찬 응원은 산 너머 멀리까지 전해지고
차전놀이로 청군과 백군이 싸움을 벌일 때
엄마는 대광주리에 홍시를 이고
구경꾼 사이를 누빈다

"홍시 사요 홍시
달고 맛난 홍시 팔아요"

넓은 운동장을 한 바퀴 돌아도
그 많은 구경꾼이 있어도
해가 뉘엿뉘엿 넘어가도록 엄마는
붉은 홍시를 단 한 개도 팔지 못했다

흰 광목 치마저고리를 입고
머리에는 흰 광목 수건을 두른 엄마의 얼굴에선
연신 굵은 콩 땀이 흘러내린다

엄마가 자리 잡은 홍시 광주리 옆에는
고깃국이 벌겋게 끓어오르고
해가 서산에 걸리도록 먹지 못한 점심에
맛있는 고깃국은 시장기를 더욱 부채질한다

"엄마 고깃국 한 그릇만 사조요"
"홍시 팔면 사 줄게"
아무리 기다려도 홍시는 팔리지도 않는데
고깃국이 너무 먹고 싶어서
고깃국 사 달라 조르며 목 놓아 울기 시작했다

엄마는 필사적으로 외친다
"홍시 사요 홍시
달고 맛난 홍시 팔아요"

엄마의 목소리는 이제 다 쉬어서
구경꾼들의 함성에 희석되고 만다

올가을에도 감나무에서 붉은 홍시가 열렸다
홍시를 보면 흰 광목 치마저고리를 입고
머리에는 흰 광목 수건을 두르고
무거운 대광주리에 담긴 홍시를 이고

"홍시 사요 홍시
달고 맛난 홍시 팔아요 "

사랑하는 아들에게 고깃국 한 그릇
먹이고 싶었던
엄마의 쉰 목소리가 서산 붉은 노을 속
저 먼 곳에서 저물게 걸어온다

그리움

삼백육십오일
그리움에 시달리면

이제 그리움도
몸서리가 난다

눈 내리는 날은
만물이 조용히 쉬는 날이다

그리움도 이 하루만큼
잠시 쉬어가면 좋겠다

그리움은 삼백육십오일
휴일도 없다

돌담 설화

우리 집과 이웃집은
돌담으로 분리되어 있다
반백 년 동안 황토흙과
울퉁 불퉁한 돌로 쌓인 벽이다

어머니들은 서로의 소식을
이 담을 마주 보며 소통했다
이웃집 아들이 사법시험에 최종 합격했다는 소식도
큰 딸이 멀리 시집간다는 소식도
이 돌담을 통해서 나눴다

우리 집은 가난해서 굶기를 밥 먹듯 했다
굴뚝에 연기가 나지 않는 날에는
이웃집 아주머니는 시어른께 들킬까 봐
박 바가지에 쌀을 담아 치마폭 속에 감추어
넘겨주는 것도 늘 돌담을 통해서였는데
그렇게 넉넉하지 않은 이웃집이었지만
측은지심으로 소통해 주었다

새 봄이면 검은디 뒷산을 다니며
고사리랑 남새를 같이 꺾으러 다녔고
바다 같은 논에 모내기할 때도 같이 일하고
단풍이 들고 온 천지가 황금빛으로 물들어

벼를 수확할 때도 이웃은 언제나 함께 했고
겨울이면 벌거숭이 뒷동산을 지나
삭정이가 있는 먼 산까지 같이
나무하러 다니며 정답게 소통한 이웃집

비가 부슬부슬 내리는 날
홍두깨로 칼국수를 밀면서
"세월 한번 빨라서 좋네 좋아"라고
흥겹게 노래 부르던 이웃집 아지매
뇌출혈로 반신불수가 되어
누워있는 병원에 병문안 가서
두 손 꼭 잡아주며 빨리 나으시라고 하니
대답 대신 눈물만 주르르 흘리신다

기쁠 때 기뻐해 주고
슬플 때 진심으로 위로해 주고
가진 것 많지 않았지만
나누어 줄 줄 알았던 이웃집 아지매
그 온기가 배어 있는 그 돌담장

활짝 꽃대를 올렸다
그 돌담장 위로 능소화 꽃이

설날 아침 회억

가슴 부풀게 기다리던 설날
가난한 우리 집에도 설은 오는가 보다
아버지는 녹슨 자전거를 꺼내
먼지가 소복이 쌓인 안장을 대빗자루로
대충 틀어내고
북쪽으로 난 대문을 나선다

언제나 그렇듯이 읍내 장터에 가서
내 몸의 수치보다 더 큰 옷이랑
내 발보다 두어 문 더 큰 운동화를 사고
조기 두어 마리와
돼지고기 서근을 사 오실 거다
그것도 오부 고리 이자로
가을에 갚겠다며 빌린 돈으로

녹슨 짐자전거는
아버지 삶의 무게를 견디며
신음소리를 내며
꾸불렁 황토 돌담길로 사라진다
아버지가 돌아오실 때까지
긴 기다림은 즐거운 고통이다

국민학교를 졸업하고
가난한 집이 싫다는 어린 누나는
공단으로 취직을 해서 여공이 되었다
누나는 바리바리 선물을 들고 집에 올 거다
나와 누이는 누나를 기다리다
급한 마음에 집을 나와
학곡산 아래 신작로 길 옆 논두렁에
나란히 엎드려 누나를 기다린다

동네 누나 형들은
양손에 선물꾸러미를 들고
환한 미소를 지으며
발 걸음도 가볍게 오고 있는데
누나는 석양이 다 지나도록 모습이 보이질 않는다
긴 기다림 끝에 집으로 오는 길에는
서러운 그림자도 나와
누이를 쭈뼛쭈뼛 따라오고 있었다

엄마는 외양간에 누워있는 누렁소에게
김이 무럭무럭 나는 쇠죽을 퍼 주고는
목욕물을 덥힌다
한기가 스며드는 부엌에 고무통이 놓이고
나를 목욕시키면서

"너도 이제 설 쉬고 나면 중학생이 되니
다음부터 혼자서 목욕하거라
내가 목욕을 시켜주는 건
이번이 마지막이다"

내가 성장하면 엄마와 함께 할 시간,
함께 할 일들이 점점 없어진다는 걸
엄마에겐 아들이 자라는 건
기쁨과 슬픔이 동시에 내재되어 있다는 것을
그때는 몰랐다
이제는 간절한 기다림은 존재하지 않는다
사라져 가는 것들에 대한 아픔만 있을 뿐

설날 아침에 흰 눈이 소복이 내린다
긴 세월이 눈 위에 드러눕는다
삐걱거리는 녹슨 자전거가 아버지를 태우고 지독한
그리움으로
설날 아침 대문을 쑥 들어선다

긴 봄을 지고

길고 찰진 봄날
봄을 잔뜩 짐 진 농부는
봄이 무거워
잠시 봄을 논두렁에 내려놓는다

멀리 연둣빛 사이로
복사꽃이 부끄러운 미소를 짓는다
양지바른 논두렁엔 초록빛이 짙고
노란 꽃다지, 하얀 냉이꽃
깊은 한기를 이기고 어영차 봄을 들어 올린다고
붉어진 진달래 얼굴

언젠가 무거운 봄을 내려놓고
다시 지지 못할 때면
뒷동산 양지바른 황토흙에 희게 묻히리라
그날이 봄이면 좋으련만
온 천지가 화려한 조화弔花이고
진달래도 붉은 울음을 울어 주리라

비둘기 구구 슬피 우는 봄날
천지에 벚꽃들이 눈송이 되어 흩날릴 때
다시 힘차게 봄을 지고 일어선다

산다는 건 봄날의 아지랑이

온돌방 그리운 아버지의 사랑

눈 뜨면 온 세상이 운무에 가려
게으른 하품을 하며
늦가을 아침을 맞이한다
먼 타향에 유배 가듯
늦가을 아침은 서글프다

동쪽의 붉은 기운이 용트림을 하면
참새 일어나 재잘거리고
온 동네에 한 두 집
뿌연 안갯속에서 두런두런 잠에서 깰 때면
피곤에 지쳐 솜방망이 된 허리를
밤새 콘크리트 바닥에 지져 보지만
늦가을 아침을 맞이하기에는 역부족이다

어릴 적 뜨듯한 온돌방이 생각이 난다
힘든 노동에 손대면 서걱 부서질 몸도
구들장에 착 붙이고 밤새 지지면
거뜬한 아침을 맞이했지만
문명의 이기가 이러한 행복을 빼앗아 버렸다

삼십 평 남짓 되는 집 안을
비싼 기름으로 난방을 하려면
가난한 농군의 허리는 더욱 휜다

기름보일러 대용으로
나무 보일러를 설치했다

저녁 늦게 들판에서 돌아와
아궁이를 열고 불쏘시개를 넣고
성냥을 그어댄다
알싸한 성냥의 내음과 함께
불빛은 시린 가슴을 녹이고
잘 팬 장작을 겹겹이 쌓아 올리면
어릴 적 아버지 사랑이
따스하게 불타 오른다

노로이랴 노로이랴

까까머리 소년이
중풍병으로 앓아 누워 있는 아버지를 대신해서
종다리 우는 봄날
누런 암소로 너른 논을 쟁기로 간다

또래 아이들은
갯버들 방긋 피어나는 봄하늘이 누워
수영하는 냇가에서
피라미를 잡고 노는데

힘겨운 쟁기질에 온몸은 땀 범벅이 되고
쟁기질은 얕게도 깊게도 아닌 적당한 깊이로
잘 대어야 논이 잘 갈린다
질척거리는 논이 배를 뒤집으면서 느리게
황토색으로 변한다
소머거리*를 낀 암소도 힘이 드는지
소머거리 위로 허연 거품이 구름처럼 인다

왼쪽으로 방향을 바꿀 때는 워디워디
오른쪽으로 방향을 바꿀 때는 노로이랴 노로이랴
전진할 때는 이랴이랴
후진할 때는 이까리*를 뒤로 당기고
소를 멈출 때는 워워 한다

참 신기하다
쇠기에 경읽기는 틀린 속담이다

소는 덩치에 비해서 예민하지만
사람 말도 잘 듣는다
그늘에 누워 양을 치면서 긴 꼬리로
한가하게 파리를 쫓는
모습에서는 요순시대의 태평성대를 보는 듯하다

소 눈망울을 보라
푸른 비취빛으로 빛나고
맑고 깊기는 한국의 가을하늘 같다
짙붉은 갈기는 봄바람에 흩날리고
소년은 아버지를 대신해서
힘든 세상을 밀고 나아갔다

그 땀방울이 오십년이 흐른 지금에도
마르지 않았다
그때 배운 농사짓는 법으로 그 소년은 여전히
아버지를 대신해서 힘든 세상을
바르르 밀고 나아간다

* 소머거리 - 소 입에 씌우는 철망으로 된 소입마개
* 이까리 - 소를 매는 나이론 줄

꿈꾸는 자의 깃발

백색 깃발의 꿈을 꾸었지
꿈꾸는 자의 깃발은 백색이니까

제 한 몸도 세우지 못하는 재주를
타고났으면서 한 때는
세상을 한번 바로 잡아보겠다던
가당치도 않은 객기가
끝내는 찢어진 백색 깃발이 되어
바람 속에서 휘날렸다

하얀 감꽃이 피고
진달래가 붉은 울음으로 춤추는
고향의 뒷동산
굽은 소나무는 아직도
허리를 펴지 못하고 잠자고 있는데
나는 무슨 노래를 불러 잠자는
굽은 소나무를 깨울 것인가

꿈이 사라 진 그곳엔 온갖 잡초들만 자라서 무성하다
매일매일 부지런히 그 잡초를 매 줘도
잡초가 자라는 속도를 도저히
따라잡을 수가 없다

새로이 백색 깃발의 꿈을 꾸어보자
굽은 소나무의 정신을 깨워
붉은 돛단배 만들어 노를 저어서
은하수 저 멀리 있는 경이로운 세계로
여행을 시작하자

그 배 돛대에 깃발을 꽂자
그 깃발은 백색으로 나부낄 것이다
꿈꾸는 자의 깃발은 늘 백색이니까

나무 도시락

회갑, 혼인잔치, 초상집에는
꼭 나무 도시락을 쌌다
벽은 하얀 버드나무
뚜껑과 바닥은 종이
바닥엔 하얀 버드나무 이부자리가
새로이 깔리고

그곳엔 배추 전, 부추전, 갈랍, 가자미 꾸이,
새우튀김, 고구마튀김, 삶은 계란 하나
얇은 사과 한 조각, 얇은 배 한 조각
꽃 과자 두 개, 시루떡 한 장,절편 두 조각
그리고 화룡점정 돼지고기 두 점
두툼한 돼지고기가 한 점이 들었나
두 점이 들었냐에 따라
그 집의 인심이 평가되곤 했는데
부잣집일 수 록 인심이 박했다

화려한 종이 뚜껑을 닫고
노란 찰 고무줄 두 개로 포장을 하고
그 위에 버드나무 젓가락 한 개와
담배 한 값이 얹힌다

손님들 상엔 돼지기름이 동동 떠 있는
돼지 국에 흰쌀밥 붉은 김치 한 접시
정성이 가득한 도시락 한 개씩 분배된다

마을에는 자기 따나 힘쓰는 사람들이 과방을
차지한다
그중에 돼지고기 담당자가 최고의 권력자다
그 과방에 들어앉으려고 회갑 집과
혼인잔치가 예정된 집에는 일 년 전부터
잘 보이려고 그 집에 정성을 들인다

손재주가 좋은 아버지는 단 한 번도
과방에 들어앉지를 못했다
김 씨 집단촌에 성씨가 다른 아버지는
늘 외톨이였다

과방에 앉은 아버지들은 자식들에게
수시로 그 나무 도시락을 몰래 주지만
난 얻지 못하고 풀 죽어 왕겨로 불 지핀
커다란 석감주 독 옆에 앉아
애꿎은 왕겻불만 뒤집는다
연기인지 서러움인지 눈에선 눈물이 났다
아버지가 원망스러웠다

나는 커서 꼭 과방에 들어앉아서
내 아들에겐 나무 도시락을 실컷 줘야지
야무진 다짐으로 서러움을 달랬다

세월은 유수같이 흘렀다
나무젓가락과 고무줄로 장난감 총을 만들어
총싸움하던 코 흘리게 친구들은
다 도시로 나가서 고만 고만하게 살고
농촌의 풍경과 삶도 순식간에 변해 버리고
나무 도시락 풍경도 흔적도 없이 사라졌다
아들에겐 나무 도시락을 실컷 주겠다던
서러운 꿈도 사라졌다
고향엔 내 딸아이의 울음을 끝으로
갓난아이의 울음도 더 이상 들리지 않았다

바람 부는 저녁이면
늙은 왕버드나무 아래에 홀로 앉아
고향 땅에서 한평생 흰 춤추며 살던 사람들을 추억해 본다
산다는 건 한바탕 흰 꿈을 꾸는 것일까?
무엇이 애달파 이토록 진한 그리움만 쌓여 가는가?

청어靑魚

정월 대보름 날 저녁 아버지는
눈目이 붉은 청어靑魚를 드시면서

올핸 보름달이 붉게 뜨는 것을 보니
흉년이 들겠구나 하셨다

정월 대보름 달이 붉게 뜬 그해
유독 우리 집만 지독한 흉년이 들었지

아버지의 선한 눈동자가 청어 눈처럼
붉게 핏발이 서던 그해 가을날

까마득히 무너져 내리던
그 빛나던 무지개여

빈집

새하얀 눈은 온 세상에 가득 내려앉고
이제는 하늘로 사라진 나의 고향집 사이로
추억의 바람이 걸어온다
어린 날 나의 온기와
사랑하는 가족들의 숨결을 생각한다

낡은 돌담에 새겨진 시간의 흔적
녹슨 펌프물은 땀에 지친 갈증을 풀어주고
바람 따라 흩날리는 감나무 낙엽 속에
사랑과 슬픔 기쁨의 이야기들이
조용히 내려 앉는다

작은 정원 한켠에 피어나는 꽃처럼
순수했던 기억들이 자라나
굳어진 마음에 영원한 안식처를 마련하듯
고향집은 언제나 따스하게 나를 감싼다

그리움의 추억들을 회상하며
햇살 가득 쏟아지는 고향집 골목에 서면
어제와 오늘이 하나 되어 웃는다

텃밭의 흙은 여전히 풋풋하고
낮은 담 너머로 아버지의 손길이 보이고

어머니의 나직한 노래가 바람에 실려 온다
그 시간들은 여전히 이곳에 남아
새하얀 마음으로 나를 맞이하고 있다

발끝에 밟히는 자갈 소리마저
낯설지 않았던 이 골목
떠났던 시간의 흔적을 지우듯
늙은 마당은 여전히 한아름 기쁘게 나를 안는다

무심히 지나쳤던 그 시간들
다시 보니 더 붉게 피어난다
쑥떡 같은 추억들이 입안에 감겨
잠시 어린 날로 되돌아가본다

발걸음을 멈추고 하늘을 본다
구름 사이로 스며드는 햇빛 속에
고향의 시간이 흐르면
나는 안다
이곳은 언제나 나를 기다리던 안식처였다는 것을
아버지 어머니가 안 계신 곳은
언제나 빈집이었다는 것을

안부를 묻다

햇살이 창문을 두드리는 아침
그대는 오늘 어떤 마음으로 일어났나요?
바람이 불어오는 방향을 따라
내 마음은 그대에게 안부를 전합니다

눈이 내리는 날이면
그대 마음에도 눈이 내리는지
아니면 차 한 잔의 따스함 속에
새하얀 마음으로 누군가를 그리워하는지 궁금합니다

흐릿한 가을날 길모퉁이의 작은 꽃 한 송이
혹시 그대도 멈춰서 바라보았나요?
그 작고도 소중한 순간들이
그대 하루를 감싸주길 바래요

그대 안부를 묻는 이 마음은
단지 몇 마디 말로 전할 수 없지만
내 속의 고요한 바람은
늘 그대를 향해 불고 있습니다

봄의 향기가 다가오는 이 계절에도
그대 마음도 따스한가요?

가끔씩 그대의 따스한 맘 속에
잠시 머물며 쉬고 싶어요

흐르는 강물처럼
시간도 흘러가지만
그대의 미소는 내 기억 속에
맑은 별빛처럼 빛나고 있습니다

안부를 묻는 이 짧은 순간
그대가 무사하기를
그대가 평안하기를
그대가 건강하기를
그대가 행복하기를
바람에 실어 기도합니다

샘문시선 1064

한국문학상 수상 기념시집

그리움은 별이 되어

이동현 감성시집
발행일 _ 2025년 8월 14일
발행인 _ 이정록
발행처 _ 도서출판샘문
저 자 _ 이동현
감 수 _ 이정록
기 획 _ 박훈식
편집디자인 _ 신순옥, 한가을
인 쇄 _ 도서출판샘문
주 소 _ 서울특별시 중랑구 동일로 101길 56, 3층(면목동, 삼포빌딩)
전화번호 _ 02-491-0060 / 02-491-0096
팩스번호 _ 02-491-0040
이메일 _ rok9539@daum.net / saemteonews@naver.com
홈페이지 _ www.saemmoon.co.kr (사단법인 문학그룹샘문)
　　　　　 www.saemmoonnews.co.kr (샘문뉴스)
출판사등록 _ 제2019-26호
사업자등록증 등록 _ 113-82-76122(사단법인 도서출판샘문)
　　　　　　　　　 677-82-00408(사단법인 문학그룹샘문)
　　　　　　　　　 104-82-66182(사단법인 샘문학)
　　　　　　　　　 501-82-70801(사단법인 샘문뉴스)
　　　　　　　　　 116-81-94326(주식회사 한국문학)
샘문사이버교육원 (온라인 원격)-교육부인가 공식교육기관 _ 제320193122호
샘문평생교육원 (오프라인)-교육부인가 공식교육기관 _ 제320203133호
샘문뉴스 등록번호 _ 서울, 아52256
ISBN _ 979-11-94817-23-9

문화체육관광부　　

본 도서는 2025년 한국예술인복지재단(문화체육관광부)의
「문화예술지원사업」으로 선정되어 지원 받았습니다.

본 시집의 구성은 작가의 의도에 따랐습니다.
이 책의 저작권은 저자와 도서출판 샘문에 있습니다.
무단 전재 및 표절, 복제를 금합니다.

파손된 책은 구입처에서 교환해 드립니다.
본지는 한국간행물 윤리위원회 윤리강령 및 실천요강을 준수합니다.

문집 출간 안내

도서출판 샘문 에서는

베스트셀러 명품브랜드 〈샘문시선〉에서는 각종 시집, 시조집, 수필집, 동시집, 동화집, 소설집, 평론집, 칼럼집, 꽁트집, 수상록, 시화집, 도록, 이론서, 자서전 등 문집을 만들어 드립니다.
도서출판 샘문에서는 저자님의 소중한 작품집이 많은 독자님들에게 노출되고 검색되고 구매하여 읽히고 감상할 수 있도록 그 전 과정을 기획, 교정, 교열, 퇴고, 윤문(첨삭,감수), 디자인, 편집, 인쇄, 제본, 서점 등록(납품;유통), 언론홍보, SNS홍보 등, 출판부터 발매 까지의 전략을 함께해 드립니다.

📖 출판정보

샘문시선은 도서출판비를 30% 인하 하였습니다. 국제원자재값 폭등으로 인하여 문집 원자재인 종이값 등이 3번에 걸쳐 43% 상승하였으나 이를 반영하지 않았습니다.

📢 저자가 필요한 수량만큼 드리고 나머지는 서점 유통

📢 시집 표지는 최고급으로 제작함 - 500부 이상

📢 제목은 저자 요청시 금박, 은박, 에폭시로도 제작함

📢 면지는 앞뒤 4장, 또는 칼라 첨지로 구성해드림

📢 본문은 100g 미색 최고급지 사용함(눈 보안용지, 탈색방지)

📢 본문 200페이지 이상은 80g 사용

📢 저서봉투 - 고급봉투 인쇄 무료 제공

📢 출간된 책 광고(본 협회 =〉 홈페이지, 샘문뉴스, 내외뉴스, 페이스북 13개그룹(독자&회원 10만명), 카페 3개, 블로그 2개, 카톡단톡방 12개, 유튜브, 카카오스토리, 인스타그램, 문예지 4개, 문학신문 등)

📢 견적 ▷ 인세 계약서 작성 ▷ 기획 ▷ 감수 ▷ 편집 ▷ 재감수 ▷ 재편집 ▷ 인쇄 ▷ 제본 ▷ 택배 ▷ 서점 13개업체 납품 ▷ 저자에게 납품 ▷ 유통 ▷ 홍보 ▷ 판매 ▷ 인세지급

📢 출판기념회는 저자 요청시 본사 문화센터(대강의실) 무료 대여 가능(70명 수용가능) 현수막, 배너, 무대 조명, 마이크, 음향, 디지털 빔, 노트북, 줌시스템, 모니터, 컴퓨터, 석수, 커피, 차, 무료 제공

📢 저자 요청시 저자의 작품 전국대회에서 수상한 시낭송가가 낭송하여 유튜브 동영상 제작 =〉 출판기념식 및 시담 라이브 방송

📢 저자 요청시 네이버 생방송 출판기념회 가능(유튜브 연동) - 네이버 라이브 커머스쇼

📢 뒷 표지에 QR코드 삽입가능 - 저자의 작품 시낭송 유튜브 동영상 등 (요청시)

📢 교정, 교열, 감수, 윤필(첨삭감수), 평설, 서문 등 (유명한 시인, 수필가, 소설가, 문학평론가, 항시 대기)

문집 출간 안내

📖 빅뉴스

이정록 시인의 〈산책로에서 만난 사랑〉이 네이버 선정 베스트셀러로 선정 된 이후 〈내가 꽃을 사랑하는 이유〉, 〈양눈박이 울프〉, 〈꽃이 바람에게〉, 〈바람의 애인, 꽃〉 시집이 연속 교보문고 베스트셀러에 선정 되고 5권 전부 출간 순서대로 골든존에 등극하였다. 평생 한 번도 어렵다는 자리를 이정록 시인은 5년 동안 5번에 오르고 현재도 이번 2022년 5월경에 출간된 [바람의 애인, 꽃] 영문판과 [담양장날]이 출간을 기다리고 있다

〈서창원 시인, 2회〉, 〈강성화 시인〉, 〈박동희 시인〉, 〈김영운 시인〉, 〈남미숙 시인〉, 〈최성학 시인〉, 〈이수달 시인〉, 〈김춘자 시인〉, 〈이종식 시인〉 외 한용운문학상 수상 시인인 〈서창원 수필가〉, 〈정세일 시인〉, 〈김현미 시인〉가 올랐고, 2022년 올 봄에는 〈정완식 소설가〉 『바람의 제국』 이 소설집으로는 최초로 『네이버 선정 베스트셀러』 반열에 올랐고, 〈이동춘 시인〉에 『춘녀의 마법』 시집이 『네이버 선정 베스트셀러』 반열에 올랐다. 그리고 컨버전스공동 시선집과 한용운공동 시선집도 간간히 베스트셀러를 하고 있는 〈베스트셀러 명품브랜드〉 『샘문시선』 이다.

〈샘문시선〉은 〈베스트셀러_명품브랜드〉로서 고객님들의 〈평생가치를 지향〉하는 〈프리미엄 브랜드〉입니다. 고객이신 문인 및 독자 여러분, 단체, 기관, 학교, 기업, 기타 고객분들을 〈평생고객〉으로 모시겠습니다. 많은 사랑 부탁드립니다

📖 샘문특전

- 📢 교보문고, 영풍문고, 인터파크, 알라딘, 예스24시, 11번가, Gs Shop, 쿠팡, 위메프, G마켙, 옥션, 하프클럽, 샘문쇼핑몰, 네이버 책, 네이버쇼핑몰, 네이버 샘문스토어 등 주요 오프라인 서점, 온라인 서점, 오픈마켓 서점에서 공급 및 유통하고 있습니다.

- 📢 기획, 교정, 편집, 디자인에 최고의 시인 및 작가, 편집가, 디자이너, 평론가, 리라이팅(첨삭 감수) 및 감수 전문가들이 참여하여 감성, 심상이 살아 있는 시집, 수필집, 소설집, 등 각종 도서를 만들어 드립니다.

- 📢 인쇄, 제본, 용지를 품질 좋은 우수한 것만 사용합니다.

- 📢 당 출판사 〈한용운공동시선집〉, 〈컨버전스공동시선집〉과 〈한국문학공동시선집〉, 〈샘문시선집〉을 자사 신문인 〈샘문뉴스〉와 제휴 신문인(내외신문), 글로벌뉴스와 홈페이지(2군데), 샘문쇼핑몰, 네이버 샘문스토어, 페이스북, 밴드, 카페, 블로그를 합쳐서 10만명의 회원들이 활동하는 SNS 20개 그룹 공개 지면 및 공개 공간을 통해 홍보해 드립니다.

- 📢 당 출판사를 통해 국립중앙도서관 및 국회도서관 및 전국 도서관에 납본하여 영구적으로 보존해 드립니다.

- 📢 당 문학그룹 연회비 납부 회원은 30만원 상당에 〈표지용 작품〉을 제공 받습니다.